von Ollech

Carl Friedrich Wilhelm Reyher - General der Kavallerie und Chef des Generalstabes der Armee
Ein Beitrag zur Geschichte der Armee mit Bezug auf die Befreiungskriege von 1813, 1814 und 1815 - Zweiter Teil

Europäischer Geschichtsverlag

von Ollech

Carl Friedrich Wilhelm Reyher - General der Kavallerie und Chef des Generalstabes der Armee
Ein Beitrag zur Geschichte der Armee mit Bezug auf die Befreiungskriege von 1813, 1814 und 1815 - Zweiter Teil

1. Auflage | ISBN: 978-3-73400-764-4

Erscheinungsort: Paderborn, Deutschland

Erscheinungsjahr: 2015

Europäischer Geschichtsverlag ist ein Imprint der Salzwasser Verlag GmbH, Paderborn.

Nachdruck des Originals von 1869.

Beiheft
zum
Militair-Wochenblatt

herausgegeben

von

A. Borbstaedt,
Oberst z. D.

1 8 6 9.
Fünftes und Sechstes Heft.

Inhalt:

Carl Friedrich Wilhelm von Reyher, General der Kavallerie und Chef des Generalstabes der Armee. Von v. Olleich.

Berlin 1869.
Ernst Siegfried Mittler und Sohn,
Königliche Hofbuchhandlung.
Kochstraße 69.

Zur Nachricht.

Diese Beihefte erscheinen alle sechs Wochen als Gratis-Beigabe für die Abonnenten des Militair-Wochenblatts. Ein besonderes Abonnement auf die Beihefte allein beträgt für den Jahrgang 3 Thlr. Das einzelne Heft wird je nach seinem Umfang berechnet.

Anzeigen.

Wissenschaftliches Lese-Institut
der Buchhandlung von
W. Adolf & Comp.
H. Hengst
59. Unter den Linden. 59.
Berlin.

Es wurden u. A. aufgenommen:
Blankenburg, Der deutsche Krieg von 1866. — **Blankenburg**, Kämpfe der Union. — **v. Brandt**, Aus dem Leben des General von Brandt. — **Büdinger**, Wellington. — **Charras**, Geschichte des Krieges von 1813. — **Chesney**, Waterloo-Vorlesungen. — **Klippel**, Leben des General von Scharnhorst. — **Kodolitsch**, Englische Armee in Abessinien. — **Kowalewski**, Krieg Rußlands mit der Türkei. — **Oesterreichs Kämpfe im Jahre 1866.** Herausg. vom K. K. Generalstabe. — **Ranke**, Wallenstein. — **Rüffer**, Strategen. — **Rüstow**, Feldzüge Napoleons 1796. — **Salm-Salm**, Queretaro. — **v. Seckendorff**, Meine Erlebnisse in Abessinien. —

Die hervorragendsten Erscheinungen auf dem Gebiete der Militairliteratur werden sofort nach ihrer Veröffentlichung in mehrfacher Anzahl aufgenommen und nach hier und nach auswärts verliehen.

Ausführliche Prospekte stehen gratis zu Diensten.

Im Verlage von **Heinrich Schindler** in Berlin erschien soeben:
Das Exerciren der Infanterie des Norddeutschen Bundesheeres, wie es jetzt ist. Nach dem Exercir-Reglement für die Infanterie der Königl. Preuß. Armee und den ergangenen neueren und den neuesten Bestimmungen bearbeitet und mit Erläuterungen und Quellenangaben versehen von A. v. Crousaz, Major z. D. Vierte, für den Standpunkt der Gegenwart veränderte und vervollständigte Auflage. 8. Preis 20 Sgr.
Der Landwehrdienst des preußischen und norddeutschen Heeres. Ein Hülfs- und Handbuch für die Bezirks-Commandos, sowie für die Offiziere und Mannschaften des Beurlaubtenstandes. Auf Grund der neuesten Gesetze und Verordnungen systematisch bearbeitet von A. v. Crousaz, Königl. Preuß. Major z. D. 1869. 8. geh. 1 Thlr. 5 Sgr.
Floto's Handbuch für Offiziere und Offizier-Candidaten der Infanterie. Zweite Auflage; mit besonderer Berücksichtigung des einjährig-freiwilligen Dienstes und der Dienstverhältnisse des Beurlaubtenstandes neu bearbeitet und vervollständigt von Hantelmann, Königl. Preuß. Oberstlieutenant z. D. 1869. 8. geh. 2 Thlr.

Carl Friedrich Wilhelm von Reyher

General der Kavallerie und Chef des Generalstabes der Armee.

Ein Beitrag
zur
Geschichte der Armee
mit
Bezug auf die Befreiungskriege von 1813, 1814 und 1815.

Zweiter Theil.

Von

v. Ollech
Generallieutenant.

Berlin, 1869.
Ernst Siegfried Mittler und Sohn,
Königliche Hofbuchhandlung.
Kochstraße Nr. 69.

Berlin, Druck von E. S. Mittler u. Sohn, Wilhelmstraße 122.

Vorwort.

Durch die Ungunst äußerer persönlicher Verhältnisse ist die Fortsetzung der Biographie des Generals v. Reyher seit Jahren verhindert worden. Mit der Herausgabe des ersten Theils beauftragt, habe ich es als eine Schuld an die Armee betrachtet, ein Werk nicht liegen zu lassen, welches den Zweck verfolgt, noch einmal auf eine der ruhmreichsten Perioden unserer vaterländischen Geschichte zurückzublicken.

Wie der Anfang dieser Lebensbeschreibung sich ausschließlich mit den Erlebnissen des hochverehrten Mannes beschäftigte, so wird auch der Schluß dieselben in gleicher Einschränkung zur Darstellung bringen. Die Mitte dagegen, — die Jahre der frischesten Kraft und des ersten raschen Aufsteigens auf der militairischen Stufenleiter, — ist zu eng verbunden mit den großen Ereignissen der Feldzüge von 1813, 14 und 15, um nicht das Recht in Anspruch zu nehmen, den Rahmen auszudehnen, innerhalb dessen sich das Bild Reyher's, des jungen Offiziers, nur in leichter Skizze wiederfindet.

Das Bestreben, den klaren, logischen Zusammenhang der Thatsachen innerhalb eines Feldzuges aufzuzeigen, hat die strategischen Uebersichten, die wörtliche Mittheilung der Befehle und Meldungen und die Auszüge aus den wichtigsten Korrespondenzen der leitenden Generale der Hauptquartiere hervorgerufen. Der Historiker will zurücktreten und dafür die handelnden Personen mit ihren eigenen Gedanken und Worten in den Vordergrund stellen. Möchte das auf diesem Wege gewonnene reiche kriegsgeschichtliche Material der Biographie Reyher's einen um so größeren Werth verleihen.

Berlin im Juli 1869.

v. Ollech.

Zweiter Theil.

Fortsetzung des zweiten Abschnitts.
Reyher in den Feldzügen von 1813, 1814 und 1815.

Das Treffen bei Wartenburg.

Als man sich in dem Hauptquartier Blücher's aus Gründen, die wir am Schluß des ersten Theils dieser Darstellung bereits in ihrer historischen Entstehung nachgewiesen haben, für den Uebergang der Schlesischen Armee bei Wartenburg entschieden hatte, mußte man für den Zweck der strategischen Ueberraschung auch so rasch handeln, daß eine Rekognoszirung des Terrains jenseits der Elbe, selbst wenn der Feind dieselbe bis nahe an Wartenburg heran gestattet hätte, nicht wohl möglich war. Das diesseitige Terrain bei dem Dorfe Elster bot taktische Vortheile, welche auf einen schnellen, günstigen Verlauf des Uebergangsgefechtes zu schließen erlaubten. Der eingehende Bogen der Elbe, das überhöhende rechte Ufer, die zweckmäßige Aufstellung der Batterien, die bestimmt waren, das jenseitige Terrain umfassend unter Feuer zu nehmen, die bereits vollzogene Besetzung des Brücken=Debouchés und der freie große Raum zum Aufmarsch vor demselben: — das Alles mußte die Brücke, das Defiliren der Truppen und ihre vereinte Gefechtsthätigkeit sicher= stellen, um so mehr, da der Feind nicht in der Stärke vorhanden zu sein schien, die einen nachhaltigen Widerstand erwarten ließ. Dennoch nahm das Gefecht einen sehr blutigen Verlauf, der nur aus der Beschaffenheit des Ter= rains und aus der Unkenntniß desselben Seitens der Angreifer erklärt wer= den kann.

Der Bogen der Elbe, welcher durch die Dörfer Iserbecka und Elster, sowie durch die Mündung der schwarzen Elster bezeichnet wird, hat als Ge=

fechtsfront zur Sehne eine Linie von einer halben Meile Länge, deren südliches Ende das Dorf Bleddin und deren nördliches Ende der steil zur Elbe abfallende Abhang der Sandberge bildet. Auf dieser Linie liegt, den Sandbergen näher, das Dorf Wartenburg. Dicht an der Ost=Enceinte des Dorfes befand sich damals ein hoher und breiter Damm, der nördlich und südlich bis zur Elbe reichte, um Wartenburg und Bleddin gegen Ueberschwemmungen der Elbe von dem Dorfe Elster her zu schützen. Dieser Damm war annähernd sturmfrei, weil ihm an der Ostseite ein todter Elb=Arm (die Streng) vorlag, der namentlich vor Wartenburg und nördlich von dem Dorfe noch heute so tief ist, daß er nur auf einem schmalen Dammwege und einer hölzernen Brücke passirt wird. Erst südlich ist es möglich, ihn zu durchwaten. Heut zu Tage ist der Damm an dieser Stelle nicht mehr vorhanden. Seit 1842 abgetragen, hat man ihn ein Paar hundert Schritte nach Osten hin in sehr bedeutenden Dimensionen neu erbaut. Hält man diesen Umstand nicht fest, so wird das Gefecht in seinem speziellen Verlauf bei der jetzigen Terraingestaltung ganz unverständlich.

Häufige Ueberschwemmungen haben in der Ebene zwischen dem alten Damm und dem Dorfe Elster zahlreiche Lachen, Sümpfe und todte Elb=Arme erzeugt; auch wurden sie die Ursache einer ausgedehnten Busch= und Bäume=Vegetation, so daß an der Ostseite Wartenburgs und Bleddins von Elbe zu Elbe ein breiter Waldstreifen (zum Theil Pflaumenbäume) sich hinzog, der die Uebersicht des Terrains von dem rechten Elbufer her wesentlich hinderte und kaum die Thurmspitzen jener Ortschaften erkennen ließ. Jetzt ist auch diese Waldstrecke bedeutend gelichtet und der neue Damm hat das Terrain an seiner Westseite trocken gelegt.

Von dem Dorfe Elster führten außerdem nur zwei Wege in die Gefechtsfront: der eine durch einen sumpfigen Boden nach der Brücke vor Wartenburg, der andere als Fußweg bis auf den Damm längs der Elbe und dann auf dessen Krone nach Bleddin. Der sogenannte Schützberg ist eine kleine, erhöhte, trockene Ebene, nordöstlich von Bleddin. Westlich von Wartenburg und Bleddin ist das Terrain zwar von Bächen mit sumpfigen Ufern durchschnitten, aber zwischen denselben doch vollständig für alle Waffen gangbar.

Der Ort Wartenburg bietet hiernach in der Front nach Osten zu eine sehr starke Stellung, und zwar durch theilweise Sturmfreiheit, gedeckte Aufstellung der Infanterie, gute Emplacements für Batterien und gesicherte Flügel=Anlehnungen; — nur fehlte auch hier die freie Uebersicht nach dem Vorterrain. Als General Bertrand die Position rekognoscirt hatte, meldete er dem Kaiser: „Das 4. Korps genügt, um diese Stellung zu behaupten und dem Feinde die Lust zu nehmen, hier zu debouchiren." Freilich hatte Bertrand und noch weniger Ney und Napoleon eine Ahnung, daß schon am 3. Oktober bei dem Dorfe Elster die ganze Schlesische Armee stehe; — man glaubte sie noch weit zurück, etwa in der Gegend von Bautzen. Die strategische Ueberraschung war bis hierher so vollkommen gelungen, daß man in den auf dem rechten und linken Elb=Ufer sichtbar gewordenen preußischen Truppen nur ein detachirtes Korps zu erkennen glaubte, welches dazu bestimmt sei, durch Uebergangs=Demonstrationen die Aufmerksamkeit des Marschalls Ney von den Schweden bei Roslau abzulenken.

Blücher hatte am 3. Oktober früh Morgens zwei Brücken zur Disposition, nämlich die Schiffbrücke und eine Pontonbrücke von russischen Leinwand=Pontons. Eine Lünette und drei vorgeschobene Fleschen bildeten einen Brückenkopf vor der Schiffbrücke. Einige Batterien, darunter eine 12pfdge, waren auf dem rechten Elbufer aufgestellt.

Von der Aufstellung des Feindes wissen wir, daß die Division Morand als linker Flügel mit 11 Bataillonen und 4 Batterien Wartenburg, die Sandberge und den vorliegenden Damm besetzt hielt. Auf dem rechten Flügel stand die schwache württembergische Division Franquemont bei Bleddin, hinter dem Dorf ihre Kavallerie=Brigade, und in der Mitte befand sich, als Reserve zurückgezogen, die Division Fontanelli mit 14 Bataillonen zwischen Globig und Wartenburg; unmittelbar bei Globig hielt die Kavallerie=Brigade Beaumont.

In dieser Stellung erscheint Bleddin als der schwächste Punkt, weil hier die Zugänglichkeit relativ größer war und von dort aus das stärkere Wartenburg umgangen werden konnte. Bertrand setzte indessen voraus, es werde ihm leicht sein, durch die Reserve=Division Fontanelli einem Vorstoß des Feindes über Bleddin in der Flanke oder in der Front entgegenzutreten.

Der 3. Oktober war ein Sonntag. Ein dichter Nebel verengte den Gesichtskreis. Gneisenau, der sich schon seit dem vorigen Abend in dem Dorfe Elster befand, um unmittelbar nach Vollendung der Brücken die zuerst angekommenen Truppen nebst dem Detachement des Oberstlieutenants Sjöholm, zum Angriff zu dirigiren; — Gneisenau glaubte zu wissen, daß Wartenburg nur schwach besetzt sei und im ersten Anlauf genommen werden könne. Prinz Carl von Mecklenburg erhielt deshalb den Befehl, den Feind aus Wartenburg zu werfen. Sjöholm defilirte um 6½ Uhr über die Pontonbrücke mit 3 Bataillonen und einer halben 6pfdgen Batterie, gefolgt von der 2. und 1. Brigade, hinter sich die Reserve=Kavallerie. Erst später trafen York und Blücher und die 7. und 8. Brigade nebst der Reserve=Artillerie ein. Hatte man aber bis hierher keine genaue Kenntniß des Gefechtsfeldes gehabt, so mußte man sie jetzt unter den Kugeln des Feindes durch schrittweises Vordringen in dem Wald= und Sumpf=Terrain zu gewinnen suchen. Sjöholm wurde sehr bald mit seinem schwachen Detachement in der Front aufgehalten. Prinz Carl suchte mit seiner Brigade (der 2.) lange ohne Erfolg einen Weg auf Bleddin zu, um Wartenburg von der Südseite her anzugreifen. York ließ die 1. Brigade (Steinmetz) dem Oberstlieutenant Sjöholm folgen; es entstand ein sehr heftiges, von großen Verlusten begleitetes Schützengefecht vor Wartenburg, ohne nur die Möglichkeit eines Sturmes auf die starke Enceinte zu bieten.

Nach einem dreistündigen, resultatlosen Kampf erkannte York, daß zur Ueberwältigung des Feindes auch die 7. und 8. Brigade eingesetzt werden müßten und daß nunmehr der Durchbruch bei Bleddin ernstlich aufzunehmen sei, erforderlichenfalls auch durch die nachfolgenden russischen Truppen.

Zur Einleitung und Ausführung dieser Absicht sollte die bei dem Dorfe Elster zurückgelassene 12pfdge Batterie so weit auf dem rechten Elbufer vorgehen, bis sie die Stellung des Feindes auf den Sandbergen enfiliren könne; es wurde ferner die 7. Brigade (Horn) zur Unterstützung der 1. Brigade (Steinmetz) auf deren linken Flügel vorgeschickt; die 2. Brigade (Prinz Carl), jetzt bereits im Gefecht mit den Württembergern am Schützberge, erhielt sieben Husaren-Eskadrons zur Unterstützung und den Befehl, den Durchbruch bei Bleddin zur Umgehung der rechten Flanke des Feindes zu suchen; — die 8. Brigade (Hünerbein) blieb einstweilen in der Reserve und zwar auf dem Wege von Elster nach Wartenburg. Zwischen 10 und 11 Uhr Vormittags gab York diese Befehle aus.

Es war um diese Zeit, daß auch Katzeler und Reyher auf dem Gefechtsfelde eintrafen, während die bisherige Avantgarde über Jessen und Hemsendorff nach Elster heranmarschirte. Sie bekamen die Weisung, sich mit der Infanterie der Reserve-Brigade Hünerbein anzuschließen; seine Kavallerie dagegen nahm Katzeler gegen Wartenburg vor, in der Erwartung, nach der Eroberung des Ortes den Feind um so sicherer von hier aus verfolgen zu können. Persönlich schlossen sich Katzeler und Reyher dem Vormarsch der Brigade Horn an, die sehr bald die Entscheidung dieses Tages geben sollte.

Sobald Prinz Carl von Mecklenburg die Verstärkung an Kavallerie und Artillerie erhalten hatte, formirte er drei Angriffskolonnen zu zwei Bataillonen, die in Echelons vom linken Flügel her zu beiden Seiten des Elb-Dammes und über den Schützberg, hier auch mit den Husaren und den Geschützen, avancirten. Diesem Stoß vermochte General Franquemont nicht zu widerstehen; er wich nicht nur nach Bleddin zurück, sondern räumte auch nach tapferer Gegenwehr dieses Dorf. Für Bertrand wäre jetzt der Moment gekommen, die Division Fontanelli zur Unterstützung der Württemberger zu verwenden; — allein sie war nicht mehr disponibel. Das gleichzeitige Vorgehen des Generals Horn zwischen dem Prinzen und Steinmetz hatte den General Bertrand veranlaßt, die Division Fontanelli nach Wartenburg heranzuziehen und der Brigade Horn entgegenzustellen. So blieb Franquemont seinem Schicksal überlassen. Als Bleddin zwischen 1 und 2 Uhr in die Hände der Preußen fiel, eilte die württembergische Infanterie nach Globig, um dort bei der Kavallerie-Brigade Beaumont Aufnahme zu finden. Ehe dies indessen auf einem südlichen Umwege über die Leine geschehen konnte, hatte Oberst v. Warburg mit den Husaren, unterstützt von der Artillerie, die französische Kavallerie bei Globig erreicht, und dort so glücklich attackirt, daß sie vollständig gesprengt wurde, mehrere Offiziere und 200 Mann verlor und ihr die Vereinigung mit Franquemont unmöglich war. Auch feindliche Geschütze fielen in die Hände der preußischen Husaren. Franquemont machte nun aus der Richtung nach Globig Kehrt und suchte Schnellin zu erreichen, wodurch er von dem Gefechtsfelde ganz verschwand. Erst am dritten Tage gelang es ihm, sich über Reinharz, Schmiedeberg und Düben hinter der Mulde wieder mit Bertrand zu vereinigen. Prinz Carl von Mecklenburg ließ von Bleddin aus die Richtung auf Torgau beobachten und marschirte mit einem Theile seiner Infanterie nach Wartenburg, wohin ihm auch der Rest folgen sollte, während hinter ihm schon russische Truppen unter General Bistram Bleddin besetzten und die Husaren sich bei Globig zu ralliiren suchten. Ehe indessen der Prinz Wartenburg im Rücken der Franzosen erreichte, war auch dort der Feind den vereinigten Angriffen der Brigaden Horn und Steinmetz unterlegen.

Die Brigade Steinmetz hatte durch ihre fortgesetzten schweren Verluste einen harten Stand. Die Brigade Horn, dazu bestimmt, dieselbe zu soutiniren und zu degagiren, konnte in dem Sumpf- und Wald-Terrain nur langsam vorrücken, theils gehemmt durch die Division Fontanelli, theils aber auch gebunden durch die Rücksicht auf den Prinzen Carl. Erst als der Prinz Bleddin erobert und das russische Korps Langeron's angefangen hatte, über die Elb-Brücken zu defiliren, das 8. Infanterie-Korps (St. Priest) nach dem linken Flügel, das 10. Infanterie-Korps (Kapzewitsch) nach der Mitte, und Blücher mit seinem Stabe sich bereits auf dem Schützberge an der Spitze der Russen befand, — erst da konnte Horn zur vollen Freiheit eines entscheidenden taktischen Entschlusses kommen. Drei Bataillone, die er geschlossen zur Hand hielt, während die übrigen im Tirailleur-Gefecht verwickelt waren, sollten mit dem Bajonnet den Ausschlag geben, und zwar in der Richtung über eine lichte, sumpfige, aber zu durchwatende Stelle, den sogenannte Sauanger, vor dem Damm südlich von Wartenburg. Horn setzte sich persönlich an die Spitze des vordersten Sturm-Bataillons (2. Bataillon des Leib-Regiments), erst zu Pferde, dann zu Fuß, als dasselbe verwundet zusammenstürzte, verbot das Schießen der geschlossenen Massen, überschritt den Morast und warf nun mit glänzender Tapferkeit Alles vor sich nieder, was sich ihm von der Division Fontanelli entgegenstellte. In wenigen Minuten hatte sich Horn zum Herrn des Dammes gemacht, trefflich unterstützt durch den Oberst Welzien mit drei Bataillonen, die gleichzeitig gegen das Südende von Wartenburg vorgedrungen waren. Der Verlust des Dammes, der rasch von preußischen Geschützen besetzt wurde, machte auch den Ort Wartenburg für die Franzosen, ungeachtet einiger energischer Versuche dazu, nicht mehr haltbar. Die preußischen Bataillone drangen zwischen 3 und 4 Uhr Nachmittags in Wartenburg ein und warfen die Division Morand hinaus. Die Division Fontanelli hatte ihre taktische Ordnung vollständig aufgegeben. Prinz Carl von Mecklenburg, der um diese Zeit südwestlich von Wartenburg angekommen war, nahm die Flüchtlinge mit Kartätschen in Empfang und nöthigte so den Strom derselben, im Anschluß an die Division Morand, in der Richtung auf Wittenberg auszuweichen, wo Bertrand hoffen durfte, die Trümmer seines Korps wieder sammeln zu können.

Katzeler und Reyher betheiligten sich auf das Lebhafteste an der Verfolgung, die über Dabrun bis Pratau, nahe vor Wittenberg, reichte und mit allen Waffen ausgeführt wurde. Katzeler nahm mit seiner Kavallerie bis Pratau hin die Spitze der verfolgenden Truppen, und ließ erst von dem Feinde ab, als die Infanterie nach Dabrun zurückkehrte. Katzeler deckte hier die Avantgarde durch Kavallerie-Vorposten und ließ durch Reyher Abends folgende Meldung an York aufsetzen:

„Dabrun, den 3. Oktober, Abends 8½ Uhr.

„Da die verfolgende Infanterie, ein preußisches Bataillon und einige russische Bataillone, von Pratau bis Dabrun zurückmarschirt ist, so bin ich ebenfalls bis hierher zurückgegangen und habe vor dem Dorfe Feldwachen ausgesetzt. Der rechte Flügel meiner Vorposten lehnt sich an die Elbe, der linke Flügel hat Befehl erhalten, die Kommunikation mit den russischen Truppen aufzusuchen. Sobald der Tag anbricht, werde ich mehr vorrücken und den Feind beobachten."

Dieser ruhmvolle Tag war von den preußischen Truppen doch theuer erkauft worden. Das Korps von York verlor todt und verwundet 67 Offiziere und 2012 Mann, also über ⅙ seiner Gesammtstärke. Der Verlust der Franzosen bestand vorzugsweise in Gefangenen, von welchen allein 1000 Mann gezählt wurden. Außerdem verlor das ganze Korps Bertrand's 16 Geschütze und 74 Fahrzeuge.

Am Abend lagerte York's Korps südlich von Wartenburg, den rechten Flügel an das Dorf gelehnt; links neben ihm das Korps von Langeron, von dem die Reserve-Kavallerie unter Korff noch an demselben Tage gegen Kemberg vorgehen mußte und zur Nacht bei Dorna stehen blieb, während die Kosacken in Kemberg einrückten. Auch nach Trebitz, Straße nach Torgau, wurde ein russisches Kavallerie-Regiment vorgeschoben. Sacken allein verblieb mit seinem Korps noch auf dem rechten Elb-Ufer. Blücher, York und Langeron nahmen ihr Hauptquartier in dem Schlosse zu Wartenburg.

Das kühne Vorgehen und die vortreffliche Zusammenwirkung, welche die Artillerie an diesem Tage im engsten Anschluß an die Infanterie, namentlich bei der Erstürmung des Dammes, gezeigt hatte, möge es rechtfertigen, wenn wir bei dieser Gelegenheit an den kriegsgemäßen Parolbefehl erinnern, den Blücher schon am 16. April 1813 bekannt gemacht hatte. Er lautete:

„Wo es zum Gefecht kommt, verlange ich, daß die Truppen aller Waffen einer Brigade, wie überhaupt einer jeden Truppen=Abtheilung, sich als **Waffenbrüder** betrachten und einander nicht verlassen, daß sie ihre Artillerie als ein Heiligthum ansehen, von deren Erhaltung die ihrige und ihre Ehre abhängt; — und soll der Befehlshaber einer Truppe, es sei Infanterie oder Kavallerie, die das **in ihrer Nähe** sich befindende Geschütz, es sei ihr eigenes oder das einer anderen Truppen=Abtheilung, verläßt, ohne daß sie nicht wenigstens **über die Hälfte ihrer Mannschaft** in dessen Vertheidigung eingebüßt hat, vor ein Kriegsgericht gestellt werden."

Verfolgung des Feindes.

Nach dem Uebergange über die Elbe mußte Blücher auf einen Zusammenstoß mit den überlegenen Hauptkräften Napoleon's gefaßt sein. Es kam hierbei vor Allem darauf an, nicht wieder auf das rechte Elbufer zurückgedrängt zu werden, denn von dem festen Fuß der Schlesischen Armee auf dem linken Elbufer hing das Vorgehen des Kronprinzen von Schweden und die Vereinigung mit der Nordarmee ab, sowie auch die Mitwirkung zu den Operationen der Böhmischen Hauptarmee, welche die Direktion auf Leipzig zu nehmen gedachte. Blücher beschloß deshalb die Anlage eines verschanzten Lagers bei Wartenburg, und zwar in einer so ausgedehnten Front, daß in derselben möglicherweise die ganze Schlesische Armee eine Schlacht, auch gegen weit überlegene Streitkräfte, annehmen könne. Der Chef des Ingenieurkorps, General Rauch, wurde mit der Ausführung dieses Baues beauftragt. Nördlich von Wartenburg auf den dortigen Sandhügeln sollten drei geschlossene Schanzen angelegt, bei Wartenburg, bei Bleddin und in dem Raum zwischen beiden Ortschaften zahlreiche Einschnitte für große Batterien gemacht werden. Zur äußersten Beschleunigung dieser Arbeiten erhielt General Rauch ca. 4000 Mann überwiesen, theils preußische, theils russische Infanterie, die durch requirirte Schanzarbeiter der Umgegend noch verstärkt werden sollten. Blücher sagte dem General in seiner Instruktion über diesen Bau unter Anderem:

„ . . . Die Umstände, in welchen wir uns befinden, erheischen dringend, daß die wesentlichen Bestandtheile dieses festen Lagers in der möglichst kürzesten Zeit zu Stande gebracht werden. Wir machen höchst wahrscheinlich entweder sehr bald einen ernsten Gebrauch davon oder niemals . . . . ."

Glücklicherweise ist die letztere Alternative eingetreten. Es genügt uns daher, auf den strategischen Zweck dieses verschanzten Lagers hiermit hingewiesen zu haben.

Nach Abzug der Verluste und der Kommandirten konnte die Schlesische Armee mit ca. 60,000 Mann die Operationen auf dem linken Elbufer am

4. Oktober fortsetzen. Der Kronprinz hatte bereits unter dem vorigen Tage seine Bereitwilligkeit ausgesprochen, ebenfalls über die Elbe gehen zu wollen; ein Entschluß, dessen Ausführung zum 4. Oktober um so weniger Schwierigkeiten finden konnte, da Marschall Ney, auf die Nachricht von der Niederlage Bertrand's, mit dem 7. Korps die Gegend von Dessau sogleich verließ und auf Delitzsch zurückwich, während Bertrand mit dem geschlagenen 4. Korps auf dem Wege nach Oranienbaum, Klitzschena und Göhrau zu erreichen suchte. Der abgedrängte General Franquemont besetzte Düben.

Blücher, der vor Allem wieder Fühlung mit dem Feinde gewinnen mußte, befahl am 4. Oktober:

„Die Avantgarde des Oberst v. Katzeler läßt Observationsposten vor Pratau zurück und dirigirt sich gegen Oranienbaum und Gräfenhaynchen, um Nachrichten vom Feinde einzuziehen. Ein Detachement geht die Elbe entlang und sucht gegen Koswig die Kommunikation mit der Armee des Kronprinzen von Schweden.

Die Avantgarde unter dem Generallieutenant v. Korff poussirt nach Düben, welcher Ort zu besetzen ist, um den Uebergang über die Mulde zu erhalten. Die bei Trebitz aufgestellten Detachements rücken bis Dommitzsch vor, observiren Torgau und schicken Detachements von leichter Kavallerie nach Mokrehna auf der Straße zwischen Torgau und Eilenburg.

Die Avantgarde des Korps von Sacken rückt nach Schmiedeberg und treibt Posten bis Falkenberg vor.

Um 1 Uhr Mittags rückt das Korps von York nach Lammsdorf und Rakith; das Korps von Graf Langeron nach Dorna; das Korps von Sacken nach Schnellin.

Das Hauptquartier ist Kemberg."

Indessen die französischen Truppen warteten den Zusammenstoß mit den Avantgarden der Schlesischen Armee nicht ab, sondern setzten schon in der Frühe des 4. Oktober ihren Rückzug fort, und zwar Bertrand von Klitzschena über Gräfenhaynchen nach Raguhn, wo sich das 4. Korps mit dem 7. Korps und dem 3. Kavallerie-Korps vereinigte, und nun Ney die gesammelten Korps nach Delitzsch führte. Die Mulde-Brücken bei Raguhn und Jeßnitz hatte er zerstören lassen. Ebenso verließ General Franquemont Düben, nachdem auch er die Brücke daselbst abgebrochen, und eilte auf Leipzig zu. In diese rückgängige Bewegung griff Marschall Marmont mit dem 6. Korps und dem 1. Kavallerie-Korps (Latour-Maubourg) von Leipzig her ein; indem er eine Infanterie-Division und zwei Kavallerie-Divisionen wieder auf Düben vorschickte, seine Truppen zwischen Taucha und Eilenburg zusammenzog und sein Hauptquartier in Eilenburg nahm. Franquemont hatte bei Kletzen Halt gemacht. Sehen wir nun, ob und wie diese Sachlage zur Kenntniß Blücher's kam.

Oberst Katzler detachirte den Major Schenk mit zwei Husaren-Eskadrons nach Wörlitz, ließ den Rittmeister Steinwehr mit 100 Dragonern vor Wittenberg, und marschirte mit der Avantgarde, die Kavallerie voraus, um 11 Uhr Vormittags von Dabrun nach Gräfenhaynchen. Hier angekommen, meldete Katzeler durch Reyher's Hand:

„Gräfenhaynchen, den 4. Oktober, Nachmittags 4 Uhr.

Aller Mühe ungeachtet, habe ich dem Feinde nicht so rasch folgen können, als ich es gewünscht hätte, weshalb ich auch nur 20 bis 30 Nachzügler gefangen genommen habe. Auf meinem Wege hierher begegnete mir ein verständiger Mann, der von Dessau kommend, mir versicherte, daß Marschall Ney in dieser Nacht von dort in der größten Eile seinen Rückzug nach Leipzig genommen habe, und daß der Kaiser Napoleon in Leipzig sei. Ich habe eine starke Patrouille nach Oranienbaum gesandt, deren Meldung ich noch erwarte. In diesem Augenblick treffe ich hier ein und finde einen sehr gebildeten Kosaken-Offizier, der gut deutsch spricht. Derselbe gehört zum Korps des Generallieutenants v. Wintzingerode und hat heute eine Patrouille von Aken über Dessau und Oranienbaum hierher gemacht. Nach seiner Aussage ist der Kronprinz schon gestern Abend in Aken erwartet worden, wird aber bestimmt heute daselbst eintreffen. In Dessau hat der Offizier den Durchmarsch schwedischer Infanterie und vieler Geschütze gesehen, auch in Oranienbaum nichts mehr vom Feinde gefunden.

Ich habe von hier aus sogleich eine Patrouille nach Raguhn abgeschickt, und wird mir gemeldet, daß man nach jener Gegend hin einen starken Rauch sieht, woraus ich schließe, daß die dortige Brücke brennt. Binnen vier Stunden hoffe ich hierüber bestimmten Rapport zu erhalten, den sogleich weiter zu befördern ich nicht verfehlen werde.

Nach den hier erhaltenen Nachrichten haben alle durchgezogenen Truppen, unter denen viele Blessirte gewesen sind, ihren Marsch auf Leipzig genommen.

Das Gros meiner Avantgarde steht bei Radis und ich mit den leichten Truppen in und vor Gräfenhaynchen.

Die letzten feindlichen Truppen sind heute früh um 10 Uhr von hier abgegangen, und würde es eine vergebliche Mühe sein, sie noch länger zu verfolgen, besonders wenn es sich bestätigen sollte, daß die Brücke bei Raguhn abgebrannt wäre."

General Korff fand Düben von Neuem besetzt. Indessen räumten die Franzosen Abends zum zweiten Mal die Stadt, indem sie die Muldebrücke nun völlig niederbrannten. Die russische Avantgarde des Korps von Langeron, blieb in Tornau, nur Kosaken-Regimenter standen vor Düben.

Die Avantgarde des Korps von Sacken unter General Wassiltschikow kam bis Schmiedeberg; ein Theil der leichten Kavallerie hatte sich ebenfalls auf Düben gewandt; ein anderer war bis in die Gegend von Eilenburg vorausgeeilt und meldete von dort, in Folge eines Rencontre, die Anwesenheit französischer Kavallerie, nach Aussage der Einwohner: des 1. Kavallerie-Korps.

Von Dommitzsch aus streiften Kosaken bis Torgau.

York lagerte am Abend bei Rakith, Langeron bei Dorna, Sacken bei Schnellin.

Ohne die Situation vollständig aufzuklären, hatten die Avantgarden der Schlesischen Armee doch zum Theil wieder Fühlung mit dem Feinde gewonnen. Um klarer zu sehen, mußte der Vormarsch in der Richtung auf Leipzig fortgesetzt werden, um so mehr, da auch der Kronprinz in der That seine Armee über die Elbe geführt hatte.

Es war nämlich am 4. Oktober das russische Korps unter Wintzingerode bei Aken über die Elbe gegangen, die Avantgarde bis Köthen, Detachements bis Radegast und Zörbig. Die Schweden passirten die Elbe bei Roslau und blieben bei Dessau stehen, wo der Kronprinz sein Hauptquartier nahm. Bülow erreichte mit dem 3. Korps über Koswig Roslau; nur die Brigade Thümen blieb vor Wittenberg zurück. Graf Tauentzien endlich mit dem 4. oder Reserve-Korps konzentrirte sich bei Koswig und hatte nur den General Wobeser vor Torgau auf dem rechten Elb-Ufer zurückgelassen.

Blücher befahl aus Kemberg zum 5. Oktober:

„Die Avantgarde des Korps von York marschirt auf Mühlbeck. Die Infanterie und Fußartillerie bleiben an der Mulde stehen, die Kavallerie geht über und zieht Nachrichten vom Feinde ein.

Die Avantgarde vom Korps Graf Langeron marschirt nach Düben, die Infanterie bleibt ebenfalls an der Mulde stehen. Die Kavallerie der Avantgarde, sowie die der Reserve-Kavallerie unter dem Generallieutenant v. Korff, suchen so weit als möglich nach Leipzig vorzugehen.

Die Avantgarde des Korps von Sacken marschirt nach Mockrehna, die Kavallerie poussirt nach Eilenburg und Wurtzen.

Die Korps kochen und senden einen Ordonnanz-Offizier hierher, welcher ihnen die Marschordre überbringen wird. Um Zeit zu gewinnen, melden die Avantgarden morgen unmittelbar an mich und an ihre Korps-Kommandanten."

Der noch in Aussicht gestellte Befehl wurde im Laufe des Vormittags des 5. Oktobers ausgegeben und lautete:

„Um 12 Uhr brechen sämmtliche Korps auf. Das Korps von York marschirt nach Gräfenhaynchen, das Korps von Sacken nach Leipnitz

(bei Dahlenberg). Vom Korps des Grafen Langeron rückt das Korps des Grafen St. Priest nach Tornau und Söllichau, der General Kap=
zewitsch und die Reserve nach Lubast und Paniz. Das Hauptquartier geht nach Düben." ...

Die Schlesische Armee rückte also auch mit ihrem Gros näher an die Mulde heran, ohne dieselbe anders als mit Avantgarden=Kavallerie überschrei=
ten zu wollen.

Es lag in diesem Entschluß Blücher's eine Vorsicht, welche durch die Nachricht geboten war, daß Napoleon von Dresden her noch nicht in Leip=
zig eingetroffen sei, mithin auch nicht dort, sondern auf der Linie Dresden=
Leipzig die Hauptkräfte der französischen Armee zu erwarten wären. Auf diese Weise in seiner linken Flanke bedroht, mußte Blücher darauf gefaßt sein, entweder in das verschanzte Lager bei Wartenburg zurückzukehren oder seine Rückzugslinie dorthin aufzugeben und sich jenseits der Mulde mit der Nordarmee des Kronprinzen zu vereinigen. Schlesische und Nordarmee blie=
ben dann näher an Leipzig, konnten schneller zur Kooperation mit der Böh=
mischen Hauptarmee gelangen und durften hoffen, mit vereinter Kraft dem französischen Kaiser Widerstand zu leisten. Es kam daher darauf an, für beide Fälle die weiteren Operationen mit dem Kronprinzen zu verabreden, wozu auch Blücher durch eine Korrespondenz aus Kemberg vom 5. Oktober in der höflichsten Form den Anfang machte.

Napoleon befand sich noch in Dresden, als er hier in der Nacht vom 4. zum 5. Oktober die Anwesenheit der Schlesischen Armee auf dem linken Elbufer bei Wartenburg und den Rückzug Ney's erfuhr. Er stellte sogleich das 6. Korps und das 1. Kavallerie=Korps, sowie auch das 3. Korps des Generals Souham unter die Befehle Ney's, indem er dem General Sou=
ham anbefahl, sein Korps von Meißen, Riesa und Strehla nach Torgau hin zu konzentriren. Ney wurde angewiesen, mit dieser gesammten Truppenmacht die Schlesische und Nordarmee wieder auf das rechte Elbufer zurückzuwerfen. An die Stelle Souham's wurde Marschall Oudinot mit der jungen Garde von Dresden nach Meißen dirigirt.

Ney erhielt diese Befehle Napoleon's erst in der Nacht vom 5. zum 6. Oktober in Delitzsch, wohin derselbe auch die Division Franquemont gezogen hatte, so daß nun in der Umgegend von Delitzsch das ganze 4. und 7. Korps vereinigt waren.

Verfolgen wir jetzt die Ausführung der Befehle Blücher's. Zunächst meldete Katzeler noch aus Gräfenhaynchen, den 5. Oktober, Morgens 5½ Uhr:

„Meine Vermuthung hat sich bestätigt. Der Feind hat sowohl in Raguhn als in Jeßnitz die Brücken in Brand gesteckt. Erstere ist in=
deß mit Hülfe der Einwohner gerettet worden und schon wieder so weit hergestellt, daß sie für Kavallerie und Infanterie passirbar ist;

ob auch für Artillerie, werde ich, sobald es Tag ist, genauer untersuchen lassen.

Der Major v. Schenk, welchen ich rechts weg (nach Wörlitz) zur Unterhaltung der Kommunikation mit dem Kronprinzen von Schweden detachirt hatte, meldet mir, daß Se. Königliche Hoheit gestern bei Roslau über die Elbe gegangen ist und sein Hauptquartier in Dessau genommen hat. Heute früh wird der Generallieutenant v. Bülow folgen und nächstdem der General v. Tauentzien bei Roslau übergehen. Der detachirte Rittmeister v. Schwanfeld vom Brandenburgischen Husaren=Regiment ist gestern (von Oranienbaum) wieder zu mir gestoßen und hat auf seinem Marsche noch Gelegenheit gefunden, 1 Offizier, 21 Fußjäger, 1 Unteroffizier und 8 Husaren zu Gefangenen zu machen."

Ferner unmittelbar nach Empfang der Marsch=Disposition, abermals aus Gräfenhaynchen, Morgens 9½ Uhr:

„Der von Ew. Excellenz empfangenen Marsch=Disposition zufolge habe ich die mir untergebenen Truppen sogleich in Marsch gesetzt. Da ich aber in Erfahrung gebracht, daß bei Mühlbeck weder Brücke noch Fähre vorhanden ist, auch die Mulde an diesem Ort nicht durchwatet werden kann, so habe ich 3 Eskadrons Husaren und das Brandenburgische Ulanen=Regiment unter dem Major v. Stutterheim nach Raguhn geschickt, um auf der dort befindlichen geretteten Brücke den Fluß zu passiren, dem Feinde nachzufolgen und auf diese Art Kenntniß von demselben zu erlangen. Hierdurch glaube ich der Intention Ew. Excellenz zu entsprechen. Mit dem Gros meiner Avantgarde und mit der Artillerie werde ich dem Befehl gemäß bei Mühlbeck Position nehmen; jedoch frage ich gehorsamst an, ob etwa nachgesendete Pontons daselbst zu erwarten sind, indem ich ohne dieselben dort nicht übergehen könnte. Nach meiner Ankunft in Mühlbeck werde ich Ew. Excellenz sofort wieder rapportiren."

Dies geschah Nachmittags 5½ Uhr aus Neu=Pouch bei Mühlbeck:

„Der Feind hat das jenseitige Ufer der Mulde noch besetzt. Ich gab dem Major Graf Lehndorf Befehl, mit dem Ostpreußischen National=Kavallerie=Regiment durch den Fluß zu setzen und die feindlichen Posten aufzuheben. Allein der Feind zeigte 2 Bataillone und 6 Eskadrons; Graf Lehndorf konnte daher den ihm ertheilten Auftrag nicht ausführen. Hier bei Pouch befindet sich eine Fähre, die zwar ziemlich brauchbar, aber klein ist; sie faßt nur ein Geschütz. Auch die Pfähle einer ehemaligen Brücke sind noch sichtbar; ob sie vielleicht dazu benutzt werden können, an dieser Stelle eine neue zu schlagen, überlasse ich der Beurtheilung eines Ingenieur=Offiziers. Bei trockener Witte=

rung soll hier eine Furth durch die Mulde sein; jetzt, bei dem angeschwollenen Fluß, ist das Durchsetzen der Kavallerie allerdings mit Gefahr verknüpft.

Von dem Major v. Stutterheim, der über Raguhn gegen Leipzig vorgegangen ist, habe ich noch keine Meldung erhalten.

In der Richtung nach Düben hört man eine Kanonade; ich habe Patrouillen dahin abgeschickt, die aber noch nicht zurück sind."

Die Truppen, auf welche Katzeler bei Pouch gestoßen war, gehörten der Division Dombrowski, mit welcher auch Major Stutterheim zusammentraf, als er bei Raguhn die Brücke passirt und Holzweißig (südwestlich von Bitterfeld) erreicht hatte. Er ging nach kurzem Gefecht bis Sandersdorf, eine halbe Meile von Holzweißig, zurück und bivouakirte hier mit seinen sieben Eskadrons.

Das Korps von York traf am Nachmittag in Gräfenhaynchen ein. Die Reserve-Kavallerie wurde auf der Straße nach Mühlbeck bis Gröbern vorgeschoben.

Düben, auf dem rechten Muldeufer gelegen, hatten die Franzosen zwar geräumt, aber sie hielten den linken Thalrand besetzt, um die Wiederherstellung der Brücke zu verhindern. Als indessen auch die Infanterie der Avantgarde des Generals Rudzewitsch Düben besetzte, eine Batterie zur Deckung des Brückenbaues auffuhr und einige Kosaken-Regimenter schwimmend die Mulde passirten, kam es zwar noch zu einem lebhaften Feuergefecht, allein die Brücke wurde vollendet. Langeron führte sein Korps nach den befohlenen Punkten Tornau, Söllichau, Lubast und Panitz.

General Sacken zog seine Kosaken von Düben wieder an sich, dirigirte sie auf Eilenburg nach Mennsdorf und ließ seine Avantgarde bis Wildenhayn vorgehen, Vorposten bis Mockrehna. Sein Korps stand am Abend bei Leipnitz und Dahlenberg. Daß der Feind Eilenburg auf dem linken Mulde-Ufer und das gegenüberliegende Dorf Kültzschau auf dem rechten Ufer stark besetzt habe, wurde von Neuem bestätigt.

Die russischen Detachements vor Torgau wiederholten die Nachricht, daß Napoleon noch in Dresden sein solle.

Die Schlesische Armee bleibt an der Mulde stehen.

Blücher richtete jetzt mit Recht seine besondere Aufmerksamkeit nach Dresden hin, um zu ermitteln, ob Napoleon mit seinen Hauptkräften zwischen Elbe und Mulde vorgehen oder sich über die Mulde zurückziehen werde. Die weiteren Entschlüsse sollten von dieser Alternative abhängig bleiben. Nur das Vorgehen der Kavallerie der Avantgarden blieb nach der Disposition vom 4. zum 5. Oktober, nach Maßgabe des feindlichen Widerstandes, auch für den 6. Oktober selbstverständlich.

In Uebereinstimmung mit dieser strategischen Situation schrieb deshalb Blücher unter Anderem heute, den 6. Oktober, aus seinem Hauptquartier Düben an Sacken:

.... „Der Feind steht uns, etwa eine Division stark, hier bei Düben ganz nahe gegenüber und scheint unseren Angriff zu erwarten. Eilenburg ist gleichfalls stark besetzt. Da die Armee des Kronprinzen von Schweden bereits die Elbe passirt hat und mit ihren Vorposten bis in die Höhe von Bitterfeld gelangt ist, sind wir in unserer rechten Flanke völlig gesichert und unsere ganze Aufmerksamkeit muß jetzt auf unsere linke Flanke gerichtet sein. Von den Nachrichten, die ich von Ew. Excellenz erhalte, hängen demnach die nächsten Bewegungen der Armee ab.

Bis jetzt wissen wir, daß sich eine bedeutende Macht bei Leipzig gesammelt hat, daß am 3. Oktober der Kaiser Napoleon mit seinen alten Garden noch in Dresden war, daß sich um diese Zeit die gegen Böhmen aufgestellten Korps noch auf ihren bisherigen Posten befanden, daß aber seitdem Truppenmärsche von Dresden nach Leipzig bemerkt worden sind.

Ew. Excellenz wollen demgemäß mit Ihrem Gros bei Leipnitz stehen bleiben, dagegen aber Ihre Spitzen und Partisane soweit als möglich vorschieben, um ganz genau unterrichtet zu sein, welche Truppenmassen auf der Straße von Dresden nach Leipzig in Bewegung sind. Das Wichtigste für uns ist, zu wissen, ob der Kaiser Napoleon eine bedeutende Masse in dem Landstrich zwischen der Elbe und Mulde von Dresden, Freyberg oder Wurzen gegen uns vorgehen läßt. In diesem Fall würde eine schnelle Konzentrirung aller unserer Korps nöthig sein. Um diese aber früh genug zu Stande bringen zu können, muß ich durch Ew. Excellenz bei Zeiten von dieser Bewegung des Feindes benachrichtigt sein, und ich baue mit unbedingtem Vertrauen auf Dero zweckmäßige Anordnungen, daß es unmöglich wird, von dieser Seite her überrascht zu werden." ...

In seiner fortgesetzten Korrespondenz mit dem Kronprinzen äußerte Blücher:

... „Ich glaube, daß der Feind die Mulde verlassen wird, sobald er erfährt, daß die Truppen Ew. Königlichen Hoheit in Delitzsch angelangt sind. Dann könnte ich sogleich mit meiner ganzen Kavallerie über ihn herfallen." ...

Als Marschall Ney den Befehl Napoleons erhalten, auch das 6. und 3. Korps unter seine Oberleitung zu nehmen, wollte er zunächst die Vereinigung dieser Korps mit dem 4. und 7. Korps bewirken und führte deshalb die beiden letzteren Korps von Delitzsch hinter dem bei Eilenburg stehenden

6. Korps fort nach Wurzen, blieb aber auf dem linken Ufer der Mulde. Durch diesen Marsch entzog sich Ney der unmittelbaren Einwirkung der Nord=
armee, wie man im Hauptquartier Blücher's auch vorausgesetzt hatte und eröffnete sich die nähere Verbindung mit Dresden. Marmont zog die Divi=
sion Dombrowski von Bitterfeld zurück und dirigirte sie auf Delitzsch, wäh=
rend die vor Düben gestandenen Abtheilungen sich ihm über Zschepplin in Eilenburg anschließen mußten. Dann trat er Abends wieder den Rückzug von Eilenburg nach Taucha an, um zunächst Leipzig gegen die Nordarmee nicht außer Acht zu lassen und die linke Flanke Ney's zu decken.

Das 3. Korps unter Souham traf an diesem Tage bei Torgau ein, hatte aber vorläufig eine Brigade bei Meißen zurückgelassen.

Napoleon begnügte sich an diesem Tage damit, dem Marschall Oudinot auch das 11. Korps unter Macdonald und das 2. Kavallerie=Korps von Dresden auf Meißen nachzusenden. Ihre Stellen sollten zwei Divisionen des 14. Korps (Marschall St. Cyr) von Gießhübel her einnehmen; sie trafen erst spät in der Nacht in Dresden ein. — Auf Leipzig war, von Würzburg her, das Observations=Korps des Marschalls Augereau, jetzt schon nahe bei Naumburg a. d. Saale, im Anmarsche.

Den Abmarsch des Feindes meldete zuerst Katzeler aus Pouch bei Mühl=
beck, den 6. Oktober, Morgens 8 Uhr:

„Nach der Aussage eines soeben angekommenen Deserteurs haben diejenigen feindlichen Truppen, welche mir gestern hier gegenübergestan=
den, aus 4 Infanterie=, 2 Kavallerie=Regimentern und 2 Geschützen unter dem General Dombrowski bestanden und sind dieselben heute nach Mitternacht gegen Leipzig hin abmarschirt. Ich habe deshalb den Major Graf Lehndorf durch eine aufgefundene Furth sogleich dem Feinde zur Verfolgung nachgesendet.

Von dem Major v. Stutterheim erhalte ich die Meldung, daß er gestern mit seinen 7 Eskadrons gegen den Feind, seiner zahlreichen In=
fanterie wegen, nichts habe ausrichten können. Ich habe ihm daher aufgetragen, sich der Art näher an mich heranzuziehen, daß ihm die Avantgarde des Generals v. Borstell, der sich gestern schon in Zeß=
nitz befand, zur Rechten bleibt."

Von Reyher's Hand geschrieben, ohne Bezeichnung der Zeit des Abgan=
ges, wurde aber an diesem Tage von Katzeler noch folgende Meldung abge=
schickt:

„Die Mulde ist seit gestern wieder gefallen, wodurch es mir gelun=
gen ist, eine Furth für die Kavallerie aufzufinden. Die hier befind=
liche Fähre ist so in Stand gesetzt, daß, wenn es befohlen wird, auch Infanterie und Artillerie über die Mulde gesetzt werden kann. In=

dessen ist die Fähre nur klein; sie faßt höchstens 100 Mann Infanterie.

Ew. Excellenz beehre ich mich dies gehorsamst zu melden, um bei der zu ertheilenden Disposition hierauf Rücksicht nehmen zu können."

Ferner später:

„Aus Bitterfeld erhalte ich soeben die zuverlässige Nachricht, daß gestern 700 Mann polnischer Infanterie in Bitterfeld und das 4. polnische Ulanen-Regiment in Holzweißig gestanden. In dieser Nacht haben sie sich sämmtlich gegen Delitzsch auf der Straße nach Leipzig zurückgezogen."

In Düben meldete General Rudzewitsch um 2 Uhr Nachmittags, daß der Feind den gegenüberliegenden Thalrand, das Dorf Wollaune, verlassen habe und sich die Mulde aufwärts zurückziehe. General Emanuel folgte dem Feinde sogleich mit der Kavallerie der Avantgarde, traf ihn bei dem Dorfe Hohen-Prießnitz und warf ihn bis Zschepplin zurück. Der Abzug des Feindes nach Eilenburg wurde bei dem Abgange der Meldung des Generals Emanuel 6 Uhr Nachmittags erwartet.

Durch die Aufmerksamkeit der Kosaken, welche auf dem rechten Muldeufer, Eilenburg gegenüber, den Feind beobachteten, konnte General Waffiltschikow rapportiren, daß feindliche Truppen auch aus der Gegend von Eilenburg nach Wurzen marschirten.

Wichtiger indessen war die Nachricht, welche aus der Gegend von Torgau durch den dort kommandirenden General Juffeffowitsch vom Korps Langeron's abgesendet wurde, daß nämlich von Meißen nach Torgau zahlreiche Truppenmassen in Bewegung seien, so daß ein Angriff von dort auf die linke Flanke der Schlesischen Armee wahrscheinlich wäre. Es wurde deshalb um Verstärkung des Postens von Dommitzsch gebeten. Gegen Abend sagten Gefangene bestimmt aus, daß General Souham mit dem 3. Korps, 35,000 Mann stark, bei Torgau stehe. Diese Meldung kam aber erst am folgenden Tage ins Hauptquartier.

In Uebereinstimmung mit der nunmehrigen Ordre de bataille, nach welcher Sacken und nicht Langeron den linken Flügel bildete, wurde General Juffeffowitsch durch den Oberst Rachmanoff vor Torgau abgelöst und auch die Kavallerie der Avantgarde des Generals Waffiltschikow nach Torgau gewiesen.

Von der Nordarmee war Bülow's Korps am 6. Oktober nach Jeßnitz marschirt; Vorstell mit der Avantgarde auf Bitterfeld, Patrouillen gegen Delitzsch. Graf Tauentzien erreichte mit dem Reserve-Korps Dessau, überschritt dort die Mulde und lagerte östlich der Stadt, mit einem Detachement in Oranienbaum zur Beobachtung der Straße nach Wittenberg. Schweden und Russen blieben mit ihrem Gros da stehen, wo sie sich bereits am 4.

Oktober befunden hatten; nur war die Kavallerie der Avantgarde des Korps von Wintzingerode unter dem General Orurk bis Zörbig vorgegangen, Kosaken-Detachements bis Halle und Landsberg.

Der Kronprinz schlug heute dem General Blücher, von Dessau aus, zu morgen Abend (7. Oktober) eine persönliche Zusammenkunft in Mühlbeck vor, um dort mündlich die weiteren Operationen verabreden zu können.

Der 7. Oktober bildet einen eigenthümlichen Wendepunkt in der Anschauung, welche man in dem Hauptquartier Blücher's über die strategische Situation gehabt hatte. Das fortgesetzte Stehenbleiben an der Mulde, — wenn auch sehr wohl motivirt, — entsprach weniger dem Charakter Blücher's, als eine großartige Offensive, welche die Vereinigung der Schlesischen und Nordarmee mit der Böhmischen Hauptarmee anstrebte, um dann, wo es auch sei, — vielleicht in den Ebenen von Leipzig, — dem Kaiser Napoleon die entscheidende Schlacht zu liefern. Freilich wußte man in Düben am 7. Oktober nicht genau, wo sich sämmtliche Kolonnen der Böhmischen Hauptarmee befanden. Thatsächlich war die Spitze derselben erst vor Altenburg angekommen, während die Queue noch in Böhmen bei Kommotau stand. Allein man durfte doch mit Recht voraussetzen, sie sei nun im Zuge auf Leipzig, und dieser Zug auf Leipzig hatte ja den strategischen Zweck, alle Kräfte zu einem Hauptschlage gegen Napoleon zu vereinigen. Blücher beschloß deshalb, am 7. Oktober das Gros seiner Armee an die Mulde heranzuziehen, dieselbe am 8. Oktober zu überschreiten und in der Richtung auf Leipzig niederzuwerfen, was sich ihm jenseit der Mulde entgegenstellen würde. Freilich war es wünschenswerth, den sehr vorsichtigen Kronprinzen ebenfalls in dieser Richtung mit fortzureißen, indessen auch als Reserve blieb er zu verwerthen, wenn nur sein Rückzug über die Elbe verhindert wurde. Die Sorge für seine strategische linke Flanke gedachte Blücher dadurch nicht von sich abzustreifen, aber er schob sie gegen den höheren Zweck in den Hintergrund, in der festen Voraussetzung, daß es ihm schon gelingen werde, sich nachtheiligen Chancen zu entziehen, wenn er sich nur frei mache von der einen über Wartenburg führenden Rückzugslinie.

Spezielle Veranlassung zu dieser Beurtheilung der Situation gab die unzweifelhafte Gewißheit, daß Marschall Ney das linke Mulde-Ufer bis in die Gegend von Leipzig geräumt habe, der Weg dorthin also gewissermaßen vom Feinde freigegeben sei. Die nun einlaufenden Nachrichten von Torgau her konnten die Aufmerksamkeit auf Leipzig nicht sogleich wieder in eine andere Bahn lenken.

Hören wir zunächst einen Theil der betreffenden Meldungen.

Katzeler sandte den 7. Oktober, Morgens 8 Uhr, die Meldungen seiner detachirten Kavallerie ein:

„Ew. Excellenz beehre ich mich in der Anlage zwei Meldungen, die ich so eben von meiner über die Mulde vorgeschickten Kavallerie erhalten habe, gehorsamst zu übersenden. Auch der Major v. Stutterheim bestätigt durch eine in diesem Augenblick eingehende Meldung, daß der Feind Delitzsch verlassen hat."

Die erste Beilage war vom Major Graf Lehndorf und betraf seinen Verfolgungs-Ritt vom vorigen Tage.

„Sehlhausen den 7. Oktober, 6 Uhr Morgens.

Ich habe gestern Abend in Sausedlitz kein feindliches Detachement mehr angetroffen. Es hatte sich eine Stunde vor meiner Ankunft von hier abgezogen. Eine Patrouille, die ich in der Richtung auf Wellaune bis Tiefensee vorschickte, meldete mir, daß ein französisches Kavallerie-Piquet im Abzuge, die Mulde aufwärts, begriffen und auch Wellaune frei sei. Ich schloß daraus, daß die ganze Gegend vom Feinde verlassen werde, und detachirte deshalb den Rittmeister v. Szerdahelly mit 1½ Eskadrons nach Badrina, zwischen Düben und Delitzsch gelegen, um von dort aus die Straße von Düben nach Leipzig zu beobachten. Der Rittmeister hat diesen Auftrag ausführen können, und übersende ich hiermit einen so eben von ihm eingegangenen Rapport. Ich selbst ging mit der 4. Eskadron bis Wannewitz, und da ich auch hier nichts vom Feinde fand, so schickte ich den Rittmeister v. Barnekow noch in der Nacht ebenfalls gegen die Straße Düben-Leipzig bis Gollmenz vor. Von verschiedenen Seiten höre ich, daß der größte Theil der feindlichen Truppen den Weg auf Eilenburg genommen haben soll."

Der beiliegende Rapport des Rittmeisters v. Szerdahelly lautete:

„Ich habe vergeblich den Feind aufgesucht. Ich stehe in Badrina und habe eine Patrouille über die Straße Düben-Leipzig bis Wölkau vorgeschickt. Links stehe ich in Verbindung mit den Kosaken des Korps von Langeron. Von rechts her erfahre ich, daß der Feind Delitzsch verlassen hat. Es scheint sich Alles auf Eilenburg zurückzuziehen. Der Feind daselbst wird auf 40,000 Mann angegeben."

Aber auch der Abzug des Feindes aus Eilenburg blieb in Blücher's Hauptquartier nicht unbekannt. General Emanuel meldete heute (7.) Morgens 9 Uhr aus Zschepplin, daß seine Kosaken Eilenburg besetzt hielten; die Mulde-Brücke daselbst sei zerstört; er werde den Feind nach Leipzig hin verfolgen. Auch nach Wurzen zu waren Kosaken bereits in Bewegung.

Zu seiner Offensive in der Richtung auf Leipzig wünschte Blücher auch die indirekte Mitwirkung des Fürsten Stscherbatow, den er mit einem Observationskorps auf dem rechten Elbufer, Dresden gegenüber, zurückgelassen hatte. Er schrieb deshalb am 7. aus Düben an ihn:

„So eben erhalte ich den Rapport, daß der Feind sich von Eilenburg auf Wurzen abzieht. Meine Vorposten erstrecken sich bis gegen Schilda und Wurzen. Auf der anderen Seite rückt die Armee des Kronprinzen von Schweden über Landsberg gegen Halle und Leipzig vor. Der Hettman Platow macht die Verbindung zwischen dem Kronprinzen und der großen Armee, die bis Chemnitz und gegen Altenburg vorgedrungen ist. Jetzt könnte der Augenblick eintreten, wo Kaiser Napoleon mit seiner ganzen Macht von Dresden aufbräche und nur eine Garnison in diesem Ort zurückließe. Sowie Ew. Erlaucht dieses wahrnehmen sollten, ersuche ich Sie, sogleich rechts abzumarschiren, um zwischen Meißen und Torgau irgendwo einen Uebergang über die Elbe zu versuchen, nachdem Sie ein Paar Tausend Mann auf der Bautzener Straße zurückgelassen haben. . . . Auf dem linken Elbufer werden Sie Gelegenheit finden, den feindlichen Kolonnen in den Rücken zu operiren und sich an meinen linken Flügel anzuschließen. Zugleich wollen Ew. Erlaucht hiervon den Feldmarschall-Lieutenant Grafen Bubna in Kenntniß setzen und ihn einladen, falls er nicht einen anderen für ihn bequemen Uebergang bewerkstelligen kann, auf demselben Wege Ihrem Korps auf das linke Elbufer zu folgen.

H.-Q. Düben, 7. Oktober 1813."

Wie so ganz anders dachte sich aber der Kronprinz von Schweden bei gleichen Voraussetzungen die nun zu ergreifenden Maßregeln. Er sprach sich noch an dem heutigen Vormittage schriftlich an Blücher unter Anderem in folgender Art, von Dessau her, darüber aus:

. . . „Ich habe noch keine bestimmte Nachricht, daß der Kaiser Dresden verlassen habe. Seine Hartnäckigkeit, mit welcher er dort stehen bleibt, läßt voraussetzen, daß er einen verzweiflungsvollen Schlag beabsichtige. Innerhalb 24 Stunden müssen wir seinen Entschluß erfahren. Ich glaube, wir müssen derart auf unserer Huth sein, daß wir es vermeiden, de lui donner aucune espèce de prise (— das heißt, wir müssen einem Zusammenstoß mit ihm unter allen Umständen ausweichen). . . . Ich vermuthe, daß er Ihren linken Flügel angreifen wird." . . .

Wir wissen bereits, wie Blücher seinen linken Flügel keinen Augenblick außer Acht ließ. Als daher um die Mitte des Tages General Juffeffowitsch aus Langen-Reichenbach (von 5 Uhr Morgens) meldete, daß das 3. französische Korps unter General Souham bei Torgau angekommen sei, befahl Blücher dem Grafen Langeron, das Korps des Generals Kapzewitsch und die Reserve unter dem General Olsuwiew sofort nach Schmiedeberg abrücken zu lassen, um daselbst den General Sacken unterstützen zu können, der sich bereit halte, dem Feinde das Vordringen auf der Straße von Torgau nach Pretsch zu verwehren. Sacken wurde noch speziell auf eine Verstärkung des Postens von Dommitzsch aufmerksam gemacht.

Die Bewegung Souham's schien aber noch an demselben Tage eine entgegengesetzte Direktion zu nehmen, denn es wurde — freilich von Eilenburg her — durch General Lukofkin der Abmarsch des 3. Korps von Torgau nach Schilda (Straße nach Wurzen) gemeldet. Blücher befahl dem General Sacken, diesen Punkt aufzuklären, und wies den General Wobeser, der, vom Korps des Grafen Tauentzien, noch auf dem rechten Elbufer vor Torgau stand, an, sich zur Deckung der Elbbrücken bei Elster nach Jessen zu ziehen, wenn der Feind mit überlegener Macht aus Torgau debouchiren sollte.

Die Meldungen am Nachmittage, welche von Waffiltschikow und Sacken eingingen, konstatirten die Märsche französischer Kolonnen von Dahlen, Belgern und Torgau auf Schilda, die man sich aber in Verbindung mit einer Bewegung auf Wurzen dachte, zu deren Deckung auch die Dörfer Langen-Reichenbach, Wildschütz und Schöna vom Feinde besetzt worden seien. Daß bei Wurzen, Taucha und Leipzig feindliche Truppen noch ständen, hatte man gleichfalls durch Kundschafter erfahren.

Die eigentliche Absicht Napoleon's war hierdurch noch nicht festgestellt. Als deshalb Blücher am Abend in Mühlbeck die persönliche Zusammenkunft mit dem Kronprinzen von Schweden hatte, hielt er seine Absicht, **Offensive über die Mulde in der Richtung auf Leipzig**, zur Vereinigung mit der großen Böhmischen Armee fest. Blücher hoffte diese Vereinigung bewerkstelligt zu haben, bevor Napoleon ihn mit seinen Hauptkräften von Dresden her treffen könne. In dieser Voraussetzung sollte die Schlesische Armee am 8. hart an dem rechten Mulde-Ufer versammelt werden und am 9. dieselbe nach Leipzig hin überschreiten. Der Kronprinz konnte diese Absicht Blücher's nicht hindern; indessen er war weit entfernt davon, das Gros seiner Armee, welches noch immer vorsichtig nahe der Elbe hielt, — jeden Augenblick bereit, wieder auf das rechte Ufer hin auszuweichen, — ebenso rasch gegen Leipzig vorrücken zu lassen, wie es Blücher wünschte. Nur im Reserve-Verhältniß wollte er Blücher's linke Flanke, wenn derselbe die Mulde überschritten haben würde, nach Eilenburg hin mit Kavallerie decken. Blücher befahl nun von Düben aus für den 8. Oktober:

„Das Korps von York marschirt nach Mühlbeck und Pouch, dessen Avantgarde nach Sausedlitz.

Das Korps Graf Langeron nach Düben, dessen Avantgarde nach Vorwerk Presen. Es werden zwei Pontonbrücken, rechts und links der Stadt Düben, geschlagen.

Das Korps von Sacken nach Mockrehna, dessen Avantgarde nach Eilenburg, woselbst die Brücken schleunigst herzustellen und für Geschütz fahrbar zu machen sind.

Das Hauptquartier bleibt in Düben, wohin Ordonnanzoffiziere von jedem Korps zu senden sind. Torgau wird durch ein Kavallerie-Detachement des Sacken'schen Korps observirt."

In Mühlbeck hatte Blücher ebenfalls den Bau einer Brücke befohlen, so daß also am 9. Oktober die Armee an drei Punkten: Mühlbeck, Düben und Eilenburg die Mulde hätte überschreiten können, wenn die strategische Situation sich bis dahin nicht wesentlich änderte.

Für die Operation jenseits der Mulde instruirte Blücher:

... „Die Avantgarden bleiben — wenn es die Stellung des Feindes erlaubt — nach dem Terrain eine Stunde bis zu einer Meile vor den Korps. Steht der Feind in einer Position, dergestalt, daß die Avantgarden nicht ohne Angriff vor der Front bleiben können, so treten sie in die Korps ein. Die leichte Kavallerie bleibt am Feinde. ... Wenn der Feind diesseits Leipzig eine Schlacht anbietet, so wird er am 10. Oktober von der Armee des Kronprinzen von Schweden (?) und der Schlesischen Armee gemeinschaftlich (?) angegriffen. Die Korps haben sich daher auf eine Schlacht vorzubereiten. Alle Bagage bleibt auf dem rechten Ufer der Mulde. Nur soviel Lebensmittelwagen, als auf einen Tag nöthig sind, folgen den Kolonnen. ... Zwei Ordonnanzoffiziere von jedem Korps haben sich in dem Hauptquartier einzufinden."

Die Meldungen, welche in der Nacht vom 7. zum 8. Oktober in Düben einliefen, bestätigten die Ansammlung französischer Truppen bei Schilda und die Bewegung feindlicher Kolonnen von Strehla über Dahlen nach Wurzen zu; auch brachten sie die neue Nachricht, daß Eilenburg vom Feinde wieder besetzt worden sei.

Blücher fand hierin keine Veranlassung, seine für den 8. Oktober gegebene Marsch-Disposition zu ändern.

Der Kronprinz ließ am 7. Oktober die Schweden und Russen nur bis Radegast vorgehen, die Avantgarde unter General Graf Worontzow bis in die Gegend von Wettin. Die Vorposten der Nordarmee standen längs der Saale bis Halle hinauf und gingen von dort über Landsberg bis Delitzsch. In Delitzsch standen Vortruppen des Generals Borstell.. Bülow, Tauentzien und Hirschfeld blieben in ihrer Stellung vom 6. Oktober stehen. Kosaken und eine Eskadron des Rittmeisters v. Barneckow vom Ostpreußischen National-Kavallerie-Regiment streiften auf Leipzig zu.

Wenden wir uns jetzt zu Napoleon, um dessen Entschlüsse vom 7. und 8. Oktober kennen zu lernen.

Der Kaiser hatte bereits die Bewegung der Böhmischen Hauptarmee über Chemnitz auf Altenburg durch Murat erfahren und demselben den Befehl zugeschickt, den Vormarsch der Verbündeten zu verlangsamen und sich nicht von der Mulde abschneiden zu lassen, so daß seine Vereinigung mit dem Kaiser, vielleicht in der Ebene von Leipzig, möglich bliebe. Murat hatte, wie wir wissen, das 2., 5. und 8. Infanterie-Korps und das 4. Kavallerie-Korps, nebst einer Division des 1. Kavallerie-Korps, unter seinem Befehl, und stand mit diesen Truppen sehr auseinandergezogen von Freiberg bis Altenburg.

Schärfer dagegen faßte Napoleon die Schlesische und Nordarmee ins Auge. Er beschloß, ihr gegenüber eine Streitmasse von 120,000 Mann zu vereinigen, sie in der Richtung auf Leipzig aufzusuchen, anzugreifen und über die Elbe zurückzuwerfen, sie so von der Böhmischen Hauptarmee zu trennen und dann diese in Verbindung mit Murat zu attackiren.

Zu diesem Zweck befahl er am 7. Oktober früh Morgens, daß die bei Meißen und Umgegend versammelten Truppen, nämlich zwei Divisionen der jungen Garde unter Oudinot, eine Infanterie-Brigade des 3. Korps, ferner das 2. Kavallerie-Korps unter Sebastiani und das 11. Infanterie-Korps unter Macdonald, auf der Straße nach Wurzen bis Oschatz (vier Meilen von Meißen) abmarschiren sollten. Als nächstes Echelon sollten von Dresden nach Meißen hin folgen: die beiden anderen Divisionen der jungen Garde, die alte Garde und Mortier mit der Garde-Kavallerie. Zur Arrieregarde dieser Truppen wurden die schon in Dresden befindlichen zwei Divisionen des 14. Korps (St. Cyr) bestimmt, welche Nossen und Meißen besetzt zu halten hätten, während die anderen Divisionen des 14. Korps und die Truppen des 1. Korps (General Mouton in Stelle Vandamme's) die Bewachung der Uebergänge über das Erzgebirge aufgeben und vorläufig bis Pirna und Dohna zurückgehen sollten. Unter dem Schutze dieser Truppen sollte der Königstein verlassen und Dresden von den Verwundeten, den Parks und der Bagage geräumt werden.

Vereinigte sich Napoleon mit Ney auf der Straße nach Wurzen, so fand er zu seiner Verfügung vor das 3., 4., 6., 7. Korps, die Division Dombrowski, das 1. und 3. Kavallerie-Korps und brachte die Garden, das 11. Korps und das 2. Kavallerie-Korps mit sich. Um 6 Uhr Morgens (am 7. Oktober) verließ Napoleon persönlich Dresden und traf über Meißen diesseits Oschatz in dem Schloß von Seerhausen ein, wo er die Nacht verblieb. Auf dem Wege hierher empfing der Kaiser die Meldung Ney's vom vorigen Tage, durch welche er die Aufstellung der Schlesischen Armee rechts der Mulde erfuhr, aus welcher Ney auf eine gegen Leipzig unterbrochene Bewegung schloß, indem es die Absicht Blücher's zu sein scheine, zunächst nur Wittenberg zur Uebergabe zu zwingen. Er (Ney) wolle sich deshalb zur Gegenwirkung mit dem auf Torgau dirigirten 3. Korps von Wurzen her vereinigen.

Diese Sachlage veranlaßte Napoleon, seinen Marsch auf Wurzen und weiterhin auf Leipzig für den Augenblick aufzugeben, um die Schlesische Armee — wie er hoffte — in dem Terrain-Abschnitt zwischen Mulde und Elbe zu überfallen. Für eine veränderte Marschrichtung der Korps schien ihm Dahlen der geeignete Punkt zu sein, da derselbe von Oschatz auf der geraden Linie nach Düben liegt, und Napoleon gab in der That am 8. Oktober früh Morgens Befehle zum Marsch auf Dahlen. Indessen er kam von diesem

Entschluß in seiner ursprünglichen Form doch nach wenigen Stunden, vielleicht in Folge neuer Meldungen Ney's, die das Avanciren der Vortruppen Blü=
cher's gegen Leipzig betreffen mochten, schon wieder zurück und ließ nur den Marschall Macdonald mit dem 11. Korps und dem 2. Kavallerie=Korps im Marsch auf Dahlen, während die anderen Korps die Richtung auf Wurzen wieder einschlugen. So geschah es denn, daß wir am Abend des 8. Oktober, an welchem Tage, sowie an dem Tage vorher, auch die Korps von Ney zum Theil in Bewegung gewesen waren, die französische Armee unter dem unmit=
telbaren Befehl Napoleon's in folgender Aufstellung finden:

Linker Flügel. Das 6. Korps (Marmont), mit einer Division des 3. Kavallerie=Korps, bei Taucha, Leipzig besetzt, Vorposten gegen Delitzsch.

Die Mitte. Links der Mulde: zwei Divisionen des 1. Kavallerie=
Korps und zwei Divisionen des 3. Kavallerie=Korps bei Machern; — das 7. Korps (Reynier) bei Pichen; — Eilenburg besetzt; — rechts der Mulde: Division Dombrowski bei Kültzschau (Eilenburg gegenüber); — 3. Korps (Souham) bei Gr. Zschepa (nördlich von Wurzen); — zwei Divisionen der jungen Garde bei Wurzen, woselbst Napoleon's Hauptquartier; — zwei Di=
visionen der jungen Garde und die alte Garde echelonirt zwischen Wurzen und Oschatz.

Rechter Flügel. Das 4. Korps (Bertrand) bei Schilda; — das 11. Korps (Macdonald) und das 2. Kavallerie=Korps bei Dahlen; — die Kavallerie des Generals Chastel bei Torgau.

Aus dieser Aufstellung mußte Napoleon für den folgenden Tag seine Korps zum unmittelbaren Zusammenstoß mit der Schlesischen Armee vorfüh=
ren. Wir werden die Befehle dazu weiter unten kennen lernen.

Der Marsch=Disposition Blücher's gemäß brach das Korps York's um 8 Uhr Morgens von Gräfenhaynchen auf, erreichte die Mulde und bezog Bivouaks bei Friedersdorf und Mühlbeck. Das Korps des Grafen Lange=
ron traf um Düben ein. Das Korps von Sacken kam bis Mockrehna.

Von den Avantgarden dieser drei Korps gelangte Katzeler, ebenfalls dem Befehl gemäß, bis Saufedlitz, und meldete von hier aus am 8. Oktober, Abends 9 Uhr:

„Ew. Excellenz überreiche ich in der Anlage zwei Rapporte des Ritt=
meisters v. Barneckow über ein gestern und heute vorgefallenes Kavallerie=
Gefecht. So glänzend der v. Barneckow diese Gefechte auch schildert, so ist es doch Schade, daß er die Resultate derselben, nämlich den größeren Theil der Gefangenen, den Russen gelassen hat, wodurch sie nun an ein ganz anderes Armeekorps abgeliefert werden.

Der heutigen Marsch=Disposition gemäß, bin ich mit der Avantgarde hier eingetroffen. Meine Vorposten stehen in Beerendorf und Brinnis, das Repli in Sproda, das Gros bei Saufedlitz. Links bin ich in Ver=
bindung mit den russischen Truppen unter General de Witte, rechts mit

der Avantgarde des Generals v. Borstell. Zwei Eskadrons habe ich zum Einziehen zuverlässiger Nachrichten gegen Leipzig vordetachirt.

Nach einer soeben eingehenden Meldung des Rittmeisters v. Szerbahelly kommandirt der Herzog von Ragusa die feindlichen Truppen, welche bei Leipzig stehen. Diese Stadt soll nur ein Infanterie-Regiment zur Besatzung haben."

Rittmeister v. Barneckow war, im Vorgehen gegen Leipzig, am 7. Oktober bis Breitenfeld gekommen, vereinigte sich hier mit Kosaken der Avantgarde Borstell's und griff gemeinschaftlich mit denselben die der Zahl nach überlegene französische Kavallerie an. Es gelang, sie vollständig zu werfen und bis an die Thore von Leipzig, unter Beibringung eines namhaften Verlustes, zu verfolgen.

Am 8. Oktober hatte der Rittmeister ein ähnliches, glückliches Gefecht, im Verein mit dem Streifkorps des Majors Hellwig, bei dem Dorfe Wideritzsch, von wo die französische Kavallerie abermals mit Verlust auf Leipzig zurückgetrieben wurde. Barneckow marschirte hierauf in die Höhe der Vorposten bis Broda zurück.

Die Avantgarde Langeron's unter General Rudzewitsch stellte sich jenseits der Mulde bei dem Vorwerk Presen auf und schob Kavallerie bis zum Dorfe Crensitz, Straße von Düben nach Leipzig, vor. Rudzewitsch meldete die Anwesenheit eines feindlichen Lagers bei Taucha und die feindlicher Vorposten in der Linie Eilenburg-Cospa.

Nicht so einfach und sicher verlief das Vorgehen der Avantgarde Sacken's, weil sie sich dem Feinde am nächsten befand.

Unter dem Befehl des Generals Wassiltschikow war sie von Wildenhayn nach Eilenburg marschirt, fand jedoch diese Stadt vom Feinde besetzt. Die Avantgarden-Kavallerie unter General Lanskoy nahm deshalb eine beobachtende Stellung bei Sprottau, während sich die Kosaken unter General Lukofkin weiter südlich auf der Straße nach Wurzen bis Böhlitz ausdehnten, wodurch ihnen die Bewegungen feindlicher Kolonnen auf der Straße Oschatz-Wurzen nicht entgehen konnten. Im Laufe des Tages wurde aber Eilenburg von den Franzosen geräumt, wahrscheinlich durch ein Mißverständniß dazu veranlaßt; die Russen besetzten es sogleich, mußten aber am Abend gegen die zurückkehrende Besatzung (2 Bataillone) ihrerseits Eilenburg wieder Preis geben. Sacken meldete diese Umstände und fügte hinzu, daß Märsche und Contremärsche von Torgau nach Schilda und von Schilda nach Torgau fortdauerten, daß ferner feindliche Truppen von Schilda nach Wurzen marschirten, zahlreiche Kolonnen auf der Straße Oschatz-Wurschen gesehen würden und große Massen sich bei Gr. Zschepa einfänden. Den Schlüssel zu allen diesen Bewegungen gab aber eine Meldung des Parteigängers, Major v. Falkenhausen, von jenseits der Elbe, nach welcher Napoleon persönlich Dresden verlassen hatte, in Meißen gesehen worden war und auf der Straße nach

Leipzig weiter gefahren sei. Ebenso wurde der Abmarsch der Franzosen von
Dresden bestätigt.

Hiernach änderte sich die strategische Situation wesentlich. Die persön=
liche Nähe Napoleon's ließ mit Recht auf die unmittelbar zu erwartenden
Operationen der französischen Hauptarmee gegen die Schlesische Armee schlie=
ßen; Leipzig war also nicht mehr zu erreichen; eine dort beabsichtigte Ver=
einigung mit der Böhmischen Armee konnte jeden Augenblick unterbrochen
und dann die Schlesische Armee von überlegenen Kräften Napoleon's isolirt
getroffen werden. Dadurch verbot sich der weitere Vormarsch jenseits der
Mulde in der Richtung auf Leipzig. Es kam vielmehr vor Allem darauf an, die
Vereinigung mit der Nordarmee in kürzester Zeit zu gewinnen, sei es, um mit
ihr gemeinschaftlich zu schlagen, oder um, mit ihr verbunden, die Annäherung
an die Hauptarmee der Verbündeten zu suchen. Freilich konnte man sich
auch auf Wartenburg zurückziehen; allein sich dort zu schlagen, mit den Elb=
brücken im Rücken, sich abhängig machen von der sehr unwahrscheinlichen
Mitwirkung des Kronprinzen gegen den Rücken des Feindes, die Nordarmee
vielleicht ohne Weiteres auf das rechte Elbufer zurückgehen zu sehen: — das
Alles mußte Blücher den Rückzug auf Wartenburg, ungeachtet der dort vor=
bereiteten Stellung, entschieden verwerfen lassen. Gneisenau hielt diese rück=
gängige Bewegung nur als einen Entschluß des äußersten Nothfalls
im Auge.

Dennoch konnte man auf den Kronprinzen keinen Zwang ausüben. Eine
verständige, freiwillige Zusage zur Unterstützung an der rechten Stelle mußte
ihm geschickt insinuirt werden, und zu diesem Zweck erhielt Major v. Rühle
die nöthigen Weisungen zu mündlichen Unterhandlungen mit dem Kronprinzen.
Er reiste noch am 8. Oktober in das schwedische Hauptquartier nach Zehbitz
(nördlich von Zörbig) ab.

Die Nordarmee war an diesem Tage stehen geblieben, Schweden und
Russen bei Radegast, Bülow bei Jeßnitz an der Mulde. Nur Tauentzien
verließ die Gegend von Dessau und rückte auf den rechten Flügel Bülow's
nach Hinsdorf. Hirschfeldt marschirte mit der Division nach Aken zur Siche=
rung der dortigen Elb=Brücke, ließ aber zwei Bataillone in Roslau und zwei
Bataillone in Dessau.

Major Rühle kam spät in der Nacht vom 8. zum 9. Oktober in Zeh=
bitz an, wurde aber sogleich von dem Kronprinzen angenommen. Sobald
derselbe hörte, daß Napoleon mit der französischen Hauptarmee im Anmarsch
sei, äußerte er sofort, Blücher müsse nun bei Wartenburg über die Elbe zu=
rückgehen; die Nordarmee werde das Gleiche bei Roslau und Aken thun.
Die Brücken müßten dann aufgenommen und das Weitere auf dem rechten
Elbufer abgewartet werden. Major v. Rühle erklärte, die Schlesische Armee
werde nicht den Rückzug hinter die Elbe antreten; sie zöge es vor, ihre Ver=
bindungslinien ganz aufzugeben, die Mulde zu überschreiten, sich hinter die

Saale zu setzen und so auf deren linken Ufer die Vereinigung mit der Böhmischen Hauptarmee zu erwarten oder herbeizuführen. Mit Widerstreben ging der Kronprinz in diese Idee ein, behielt sich die strategische Position hinter der unteren Saale, der Elbe möglichst nahe, vor, stellte die Bedingung, daß sich Blücher auf seinen rechten Flügel begebe (Front gegen die Mulde), — er wolle zu diesem Zweck eine Brücke bei Wettin schlagen lassen — und reservirte sich ausdrücklich den eventuellen Uebergang über die Elbe unterhalb Magdeburg bei Ferchland, wo eine Brücke geschlagen sei. Roslau wolle er aufgeben. —

Hiermit hatte Major v. Rühle gleichwohl seinen Hauptzweck erreicht, nämlich das Verbleiben der Nordarmee auf dem linken Elbufer und ihre Vereinigung mit der Schlesischen Armee hinter der Saale. Gegen den Morgen des 9. Oktober traf der Major wieder in Düben ein, begleitet von einem Adjutanten die Prinzen, der ein zustimmendes Schreiben durch denselben an Blücher überreichen ließ. In Düben wurde nun beschlossen, die drei Korps der Schlesischen Armee Kehrt machen und die Mulde abwärts nach den drei Uebergängen Jeßnitz, Mühlbeck und Düben marschiren zu lassen, um an diesen Punkten den Fluß nach dem linken Ufer hin zu überschreiten. Man glaubte, diesen Marsch ungestört ausführen zu können, da man sich Napoleon über Wurzen im Marsch auf Leipzig dachte.

Die Schlesische Armee verläßt die Mulde und passirt die Saale.

Die geheime Disposition Blücher's zum 9. Oktober lautete:

„Um 1 Uhr Nachmittags marschirt das Korps von York nach Jeßnitz, wo es die Mulde passirt; dessen Avantgarde nach Bitterfeld. Das Korps Graf Langeron nach Mühlbeck, dessen Avantgarde nach Sausedlitz.

Das Korps von Sacken nach Düben; dessen Avantgarde nach Priestäblich. Etwas Kavallerie ist auf der großen Straße nach Leipzig und Eilenburg als Avertissementsposten aufzustellen.

Der General v. Rauch läßt die Pontonbrücke über die Elbe abbrechen, läßt ein Bataillon und 20 Mann Kavallerie in Elster zurück, welche den Tambour der Schiffbrücke besetzen und vertheidigen und marschirt mit seiner Mannschaft und der Brücken=Equipage den 10. Oktober über Wörlitz nach Dessau. Bis zum 10. Oktober, wenn es finster geworden ist, bleibt dasjenige, was den Brückenkopf von Wittenberg blockirt hat, stehen, dann folgt es dem General v. Rauch nach Dessau. Der Chef des im Brückenkopf zu Elster zurückbleibenden Bataillons ertheilt Allem, was zur Armee ankommt, bis zum 11. Oktober Morgens den Befehl, sich auf Raguhn zu dirigiren. Vom 11. Oktober an geht die Kommunikation am rechten Elbufer über Roslau und Aken, und wird Niemand mehr auf das linke Ufer gelassen.

Der Fürst Stscherbatow, wenn er noch nicht die Elbe passirt haben sollte, geht in forcirten Märschen nach Elster und wartet dort weitere Befehle ab.

Da der ganze Strich zwischen der Mulde und Elbe verlassen wird, so ziehen die Korps Alles, was sie noch in diesem Strich detachirt haben sollten, an sich."

Dem Kronprinzen wurde von diesen Anordnungen im Allgemeinen Kenntniß gegeben, mit dem Hinzufügen, daß Demonstrationen gegen Leipzig, um die Bewegung der Schlesischen Armee zu maskiren, nothwendig erschienen. Man wolle deshalb auch noch heute Eilenburg angreifen. Das Hauptquartier Blücher's sollte nach Pouch bei Mühlbeck kommen.

Ehe wir die Ausführung dieser Befehle verfolgen, fragen wir zuvor nach den Entschließungen des französischen Kaisers.

Napoleon erhielt in Wurzen die Nachricht, daß die Schlesische Armee mit 60,000 Mann bei Düben auf dem rechten Ufer der Mulde und die Nordarmee mit 40,000 Mann bei Dessau stehe. Düben liegt von Wurzen 3½ Meile entfernt, von Eilenburg 2 Meilen. Es war also möglich, daß die zwischen Eilenburg und Wurzen lagernden französischen Truppen in einem einfachen Tagesmarsch Düben erreichen und dort an demselben Tage auch noch zur Schlacht verwendet werden konnten. Hierauf gründete Napoleon seinen Angriffsplan auf Blücher. Er wollte ihn auf dem kürzesten Wege, an dem rechten Ufer der Mulde entlang, mit überlegenen Kräften aufsuchen, — wenn möglich festhalten, — und noch am 9. Oktober zum Kampfe zwingen. Die Armee sollte zu diesem Zweck früh aufbrechen (6 Uhr) und zwar die ganze Mitte sich auf dem rechten Mulde-Ufer bei Eilenburg zum Vormarsch gegen Düben sammeln, während der linke Flügel von Taucha her Düben auf dem linken Ufer und der rechte Flügel von Dahlen und Schilda her über Mockrehna Düben auf dem rechten Ufer, zum Marschobjekt zu nehmen hatte. Die weitere Entfernung des rechten Flügels von Düben ließ die Mitwirkung zur Schlacht nur bedingungsweise voraussetzen. Mockrehna sollte aber jedenfalls besetzt und der dort etwa hervortretende Widerstand überwältigt werden. Die speziellen Befehle in diesem Sinne schrieben dem Marschall Ney vor, den Oberbefehl über das 3. Korps (Souham), 7. Korps (Reynier), Division Dombrowski, 2. Kavallerie-Korps (Sebastiani) und zwei Divisionen des 3. Kavallerie-Korps zu übernehmen und diese Truppen von Gr. Zschepa, Pichen, Dahlen und Machern her, bei Eilenburg auf dem rechten Mulde-Ufer zu vereinigen, um von hier aus gegen den Feind bei Düben zu avanciren; der Kaiser werde mit den Garden als Reserve folgen. Napoleon fügte hinzu, daß er ein großes Gewicht darauf lege, noch heute in den Besitz von Düben zu kommen. Von Taucha sollte Marmont mit dem 1. Kavallerie-Korps (Latour-Maubourg) vorgehen; — von Schilda nach Mockrehna Bertrand mit dem 4. Korps, gefolgt von Macdonald mit dem 11. Korps von Dahlen her, verstärkt durch die Kavallerie Chastel von Torgau aus. Durch eine Contre-Ordre wurde Sebastiani später auch nach Mockrehna gewiesen; er war aber zu weit ab von Eilenburg, um dort rechtzeitig eintreffen zu können. Leipzig wurde der Sorge des Generals Arrighi, Kommandeurs des 3. Kavallerie-Korps, übertragen, dem zu diesem Zweck einige Tausend Mann Infanterie überwiesen wurden.

Entnehmen wir nun den Meldungen dieses Tages, ob und wie die Bewegungen des Feindes im Hauptquartier Blücher's bekannt wurden, oder ob die Ereignisse die Meldungen überholten.

Von Reyher's Hand finden wir die erste Meldung Katzeler's aus Sausedlitz, den 9. Oktober, 9½ Uhr Morgens geschrieben:

„Der Feind befindet sich bis jetzt noch ruhig in seiner gestern genommenen Aufstellung. Leipzig soll mit 6—8000 Mann besetzt sein. Heute früh habe ich den Major v. Schenk mit seinen beiden Eskadrons nach Pröttitz vorgeschickt (Straße von Düben nach Leipzig), um nähere Nachrichten vom Feinde einzuziehen und zu diesem Zweck gegen Leipzig und Eilenburg zu detachiren. Eine Meldung habe ich von dorther noch nicht erhalten."

Ferner:

„Sausedlitz, den 9. Oktober, Nachmittags 1 Uhr.

Ew. Excellenz verfehle ich nicht gehorsamst zu melden, daß der Rittmeister v. Szerdahelly, welcher gegen Taucha zur Rekognoszirung vorgerückt ist, soeben Folgendes rapportirt:

„„Vor Taucha stehen 400 Chasseurs, dicht hinter denselben die Brigade des Generals Norrmann, bestehend aus einem Chevaur-legers-Regiment und einem Jäger-Regiment zu Pferde. Auf der Höhe hinter Taucha sieht man sechs Geschütze und ein Infanterie-Regiment. Gestern Abend sollen 18 kaiserliche Wagen unter Bedeckung französischer Garde-Kavallerie, von Dresden kommend, in Leipzig eingetroffen sein. Heute haben die Franzosen ihre Vorposten etwas poussirt.""

Am Schluß seines Schreibens fügt der Rittmeister hinzu, daß der Feind jetzt vorrücke. Näheres und Gewisses hierüber muß ich noch abwarten."

Unterdessen hatte Katzeler, dem Befehl gemäß, mit der Avantgarde den Marsch auf Bitterfeld angetreten und war dort gegen Abend eingetroffen. Um diese Zeit mußte sich aber die Sachlage auf dem rechten Mulde-Ufer bereits entwickelt haben, unabhängig von den Meldungen, die von dem linken Mulde-Ufer her in dem Hauptquartier eingingen. Gleichwohl waren die preußischen Husaren nahe am Feinde geblieben, und Major v. Schack meldete von der

„Mühle bei Hohenroda, 9. Oktober, Nachmittags
4½ Uhr.

Die feindlichen Streitkräfte marschiren über Crensitz, Straße nach Düben, indem sie die leichte russische Kavallerie auf diesem Wege zurück= drängen. Zahlreiche Kavallerie hat die Tete der Kolonne; ich schätze sie einige Tausend Mann stark; sie führen Geschütze mit sich, die uns be= schießen. Der Kavallerie, die bereits Crensitz erreicht hat, folgen große Truppenmassen von Pröttitz und Hohen = Ossig her. Nach Delitzsch hin scheinen Bewegungen des Feindes aufgehört zu haben. Meine Patrouillen sind von dorther noch nicht zurückgekehrt. Ich stehe noch in der linken Flanke der feindlichen Marschkolonne bei der Mühle von Hohenroda und werde von hier die Richtung einschlagen, die Ew. Hochwohlgeboren (v. Katze= ler) mir durch den Jäger Schlemmer angewiesen haben."

Als diese Meldung in Bitterfeld bei Katzeler eintraf, schickte sie derselbe sofort mit folgendem Rapport weiter:

„Bitterfeld den 9. Oktober, Abends 7½ Uhr.

Ew. Excellenz melde ich gehorsamst, daß ich mit dem Gros der Avantgarde bei Bitterfeld angekommen bin. Ich habe hier den General v. Borstell getroffen, der bis jetzt noch keine Ordre zum Abmarsch erhal= ten hat. Er hat mir soviel Platz gemacht, daß ich zwei Bataillone in der Stadt habe unterbringen können; der übrige Theil der Infanterie bivoua= kirt vor der Stadt. Der Major v. Klüx mit der leichten Infanterie steht auf der Straße von Bitterfeld nach Delitzsch bei Paupitsch. Ehe ich Sau= sedlitz verließ, ritt ich nach Sproda, habe aber einen Schuß von hier aus nicht gehört. Ich schließe daraus, daß die feindlichen Marschkolonnen Halt gemacht haben, um so mehr, da ich bis jetzt noch keine weiteren Meldun= gen von meiner detachirten Kavallerie erhalten habe.

Nachschrift. Soeben geht die Meldung des Majors v. Schenk hier ein, welche ich nicht verfehle, Ew. Excellenz hiermit abschriftlich zu über= senden. Dem General v. Borstell habe ich von dem Inhalt derselben ebenfalls Mittheilung gemacht."

Wir wissen, daß Katzeler die gute Gewohnheit hatte, zu der Avantgarde des Nebenkorps einen Offizier zu kommandiren, der ihn auch über die Vor= gänge in seiner Flanke in Kenntniß erhalten sollte. Für heute hatte Lieute= nant v. Luttwitz diesen Auftrag bei der Avantgarde Langeron's erhalten, war deshalb wahrscheinlich in Sausedlitz zurückgeblieben und konnte nun aus Sehl= hausen, den 9. Oktober, Abends 9 Uhr melden:

„Ew. Hochwohlgeboren habe ich die Ehre anzuzeigen, daß nach Aus= sage zweier desertirten Offiziere, eines württembergischen und eines west= phälischen, der Feind heute morgen mit seiner Hauptmacht nach Eilenburg marschirt ist. Es sollten dort vier Korps und die Garden vereinigt werden. Auch wurde der Kaiser Napoleon daselbst erwartet. Man hat den Marsch des Feindes auf dem rechten Ufer der Mulde von Eilenburg nach Düben beobachtet. Düben soll bereits von ihm besetzt sein. Der König von Neapel (?) soll sich heute an der Spitze zweier Küraffier-Divisionen und einer Division leichter Kavallerie, von Leipzig her, auch nach Eilenburg hin in Bewegung gesetzt haben; — so sagen gefangene französische Küraffiere aus. Generallieutenant Rudzewitsch hat sich gegen Abend mit der Avantgarde zwischen Sausedlitz und Sehlhausen aufgestellt und die vorstehenden Nachrichten ins Hauptquartier gemeldet."

Als dieser Rapport in Katzeler's Hände kam, meldete er:

„Bitterfeld den 9. Oktober, Abends 10 Uhr.

Ew. Excellenz erhalten anliegend abschriftlich die Meldung eines Offiziers, welchen ich zu dem General Rudzewitsch kommandirt habe.

Aus der Gegend von Leipzig (Taucha) scheint nur eine feindliche Kolonne gegen Düben vorgegangen zu sein; sie soll ca. 15,000 Mann stark sein und ist bis Crensitz gelangt. General v. Borstell steht noch hier, will aber morgen seine Avantgarde bei Sandersdorf zusammenziehen."

Viel folgenreicher wurden die Ereignisse dieses Tages auf dem rechten Mulde-Ufer.

Gegen 10 Uhr Vormittags waren die französischen Korps Eilenburg gegenüber bei dem Dorfe Költzschau versammelt. Napoleon inspizirte sie hier und befahl gegen Mittag den Vormarsch auf Düben. Ney ließ die Kavallerie der Division Dombrowski und die beiden Divisionen des 3. Kavallerie-Korps die Tete nehmen; es folgte die Division Dombrowski, dann das 7. und 3. Infanterie-Korps. Die Kosaken wichen der französischen Kavallerie aus. General Lanskoi zog sich nun von Sprottau östlich in der Richtung auf Mockrehna zu seinem Korps (v. Sacken) zurück. Dadurch wurde der französischen Hauptkolonne der Weg nach Düben frei gegeben, und doch unterließ es der General, sofort eine Meldung über den Anmarsch des Feindes in das Hauptquartier Blücher's zu senden. Es hing hiernach von dem Zusammentreffen zufälliger Zeitverhältnisse ab, ob das Korps Langeron's und das Hauptquartier bei Düben überfallen wurde oder nicht. Sacken's Korps war bereits durch diese Bewegung des Feindes von Düben, seiner vorgeschriebenen Marsch-Direktion, abgeschnitten. Die Lage der Schlesischen Armee konnte von jetzt ab in der That eine sehr gefährdete werden, denn die Avantgarde Langeron's war durch den Marsch nach Sausedlitz auf das linke Mulde-Ufer gewiesen worden, weil man den Abschnitt rechts der Mulde zwischen Düben und Eilenburg durch den befohlenen Anmarsch des Korps von Sacken für vollständig gesichert erachtete. Unglücklicherweise hatte aber Sacken die Disposition zum 9. Oktober durch einen Zufall nicht rechtzeitig, sondern so spät erhalten, daß er von Mockrehna erst um 2 Uhr Nachmittags aufbrechen konnte. Um wenigstens Sacken's Annäherung an Düben zu erwarten, zögerten auch Blücher und Langeron diesen Ort zu verlassen, und so vereinigten sich viele Umstände, um dem Kaiser Napoleon den überraschenden Zusammenstoß mit isolirten Korps der Schlesischen Armee zu erleichtern. Eine Abtheilung Kosacken, welche von Sprottau in nördlicher Richtung abgedrängt worden war, kam wenig früher als die französische Kavallerie vor Düben an, etwa um 3 Uhr Nachmittags. Und doch war die Stadt bereits geräumt!

Auf die Meldung nämlich, daß eine Truppen-Kolonne aus der Gegend von Eilenburg auf Düben im Anmarsch sei, hatte man vorausgesetzt, es sei dieselbe des Korps von Sacken und war deshalb Blücher um 2 Uhr Nachmittags nach Pouch abgegangen, das Korps Langeron's nach Mühlbeck marschirt. Die Queue der russischen Kolonne, die Reserve-Artillerie, gedeckt von einigen Regimentern des 10. russischen Korps, hatte soeben Düben verlassen, als die französische Kavallerie in den Ort einritt, während die französische Infanterie der Avantgarde so rasch noch nicht hatte folgen können. Dieser Umstand machte es dem General Kapzewitsch leicht, mit der russischen Infanterie das Herausbrechen der französischen Kavallerie aus der Stadt zu hindern, so daß nur die in Düben zurückgebliebenen wenigen Verwundeten in die Hände der Franzosen fielen. Marschall Ney war also für ein Gefecht doch zu spät gekommen, und zwar in Folge des mehrstündigen Aufenthaltes bei Eilenburg. Als Blücher Kenntniß von der unerwarteten Situation erhielt, ließ er das Korps von Langeron gleich bis Zeßnitz gehen und verlegte sein Hauptquartier ebenfalls hierher. Bei Pouch blieb eine Arrieregarde unter Kapzewitsch zurück. Yorck ging in der Nacht bei Zeßnitz über die Mulde und bivouakirte bei dem Dorfe Bobbau. Langeron blieb auf dem rechten Ufer der Mulde. Auch war das preußische Korps von Bülow in und bei Zeßnitz. Sacken zog sich sehr glücklich aus der schwierigen Lage, in der Front und in beiden Flanken (von Torgau und Eilenburg) bedroht zu sein, während auch die Sicherheit seiner Rückzugslinie bereits zweifelhaft war. Er schlug von Mockrehna den Weg über Wildenhayn nach Pressel ein, umging von hier Düben in einem Bogen über Authausen, Durchwehna und Söllichau, und marschirte nun, gedeckt durch die große Dübener Haide, nach Skäna, ca. 1¼ Meile nordwestlich von Düben. In Skäna kam das Korps nach einem angestrengten Marsch von 4 Meilen um 11 Uhr Nachts an und mußte hier nothwendiger Weise ein Paar Stunden lang ruhen. Der Feind störte diesen Marsch nirgends. Nur hatte Sacken seine Kavallerie-Detachements nicht mehr an sich heranziehen können; auch war es ihm nicht möglich gewesen, seine Bagage-Wagen mitzunehmen; er hatte sie über Schmiedeberg nach Elster dirigirt. Zwar liegt Skäna von Zeßnitz noch über zwei Meilen entfernt; allein jetzt war eine Vereinigung Sacken's mit den beiden anderen Korps nicht mehr zu hindern und dadurch die gefährliche Lage der Schlesischen Armee thatsächlich beseitigt. Sacken meldete dem General Blücher seine Ankunft in Skäna; er werde von hier um 5 Uhr wieder aufbrechen und nach Jeßnitz marschiren. Blücher dirigirte ihn nach Raguhn.

Ney war bei Düben stehengeblieben; die Avantgarde wenig die Mulde abwärts vorgeschoben. Das 7. Korps lagerte bei Priestäblich, das 3. Korps bei Lausig, die Garden bei Eilenburg, wohin auch Napoleon zurückging, als er die Aussicht auf eine Schlacht bei Düben geschwunden sah. Sein linker Flügel, Marmont mit dem 6. Korps, bivouakirte diesseits und jenseits Crensitz; dagegen machten die beiden Divisionen des 1. Kavallerie-Korps hart am linken Mulde-Ufer in der Nähe von Wellaune bei Nieder- und Ober-Glaucha und bei Hohenpriesnitz für die Nacht Halt. Der rechte Flügel, an der Tete Sebastiani mit dem 2. Kavallerie-Korps, stieß bei dem Debouchiren aus Schilda auf die russische Kavallerie des Generals Juffeffowitsch, drängte sie durch große Ueberlegenheit zurück und blieb dann bei Mockrehna halten und zwar speziell Sebastiani bei diesem Ort, Bertrand mit dem 4. Korps bei Audenhayn und Macdonald mit dem 11. Korps bei Probsthayn.

Die Nordarmee veränderte heute ihre Stellung vom vorigen Tage nicht; nur hatte Borstell die Vortruppen seiner Avantgarde aus Delitzsch heraus und bis Paupitsch zurückgenommen.

Das Resultat dieses Tages befriedigte Napoleon nicht. Zwar hatte er Düben erreicht, aber die Schlesische Armee war seinem Schlage ausgewichen. Wenn der Kaiser auch noch die Hoffnung hegte, wenigstens das Korps von Sacken irgendwo zwischen Mulde und Elbe zu treffen, so war doch selbst diese Aussicht keineswegs gesichert, da Sacken die Elb-Brücken bei dem Dorfe Elster längst passirt haben konnte, ehe französische Truppen ihn daran zu hindern vermochten. Ebenso war die Möglichkeit geschwunden, die Vereinigung der Schlesischen Armee mit der Nordarmee zwischen Mulde und Saale zu unterbrechen. Aber Napoleon wußte jetzt genau, wo sich beide Armeen befanden, nämlich zwischen der unteren Mulde und der unteren Saale; — er wußte ferner, daß Blücher seine Kommunikationslinie über Wartenburg und Elster aufgegeben hatte, mithin der Entsatz der Festung Wittenberg keine Schwierigkeiten mehr bot; es war selbstverständlich, daß der Feind bei dieser Nähe der französischen Hauptarmee die Belagerung aufheben mußte; er wußte ferner aus den Meldungen Murat's, daß die große Böhmische Armee im Anmarsch war, und ehe er die Schlesische und Nordarmee nicht geschlagen, konnte er sich nicht mit vereinigten Kräften der Böhmischen Armee entgegenstellen. Hätte Napoleon noch die volle Freiheit der Offensive gehabt, die er in dem Feldzuge von 1813 nur bis zum Waffenstillstande besaß, — wäre noch wie früher rücksichtslose Energie die Triebfeder seiner Entschlüsse gewesen, — so würde er über die Mulde gegangen sein, hätte Blücher und den Kronprinzen aufgesucht und sie diesseits oder jenseits der Saale zur Schlacht gezwungen. Entzog sich der vorsichtige Kronprinz dieser Gefahr durch die Trennung von Blücher, so fand dann Napoleon gegen die Schlesische Armee eine um so viel erleichterte Aufgabe.

Es war ein Glück für die gute Sache der Verbündeten, daß Napoleon das nächste Ziel seiner strategischen Operationen in einer ganz entgegengesetzten Richtung suchte, ausgehend von Voraussetzungen, die thatsächlich nicht zutrafen, — ein Irrthum, den er zu spät erkannte und dann durch eine Schlacht gegen sämmtliche vereinigte Armeen der Alliirten nicht mehr zu redressiren vermochte.

Napoleon setzte nämlich voraus, daß durch seinen bloßen Zug nach Düben die Schlesische und Nordarmee zu einem schnellen Rückzuge über die Elbe, sei es bei Roslau oder Aken, veranlaßt worden seien; — er setzte voraus, daß durch die Operation über Wittenberg eine Schlacht, wenn auch später, auf dem rechten Ufer der Elbe gesucht werden könne; — er hielt selbst die erneuerte Bedrohung Berlins, an der bereits zwei seiner Marschälle gescheitert waren, unter seiner persönlichen Führung für so wirksam, daß eine Trennung der Heere der Verbündeten, ihr augenblicklicher Stillstand oder selbst ihre rückgängige Bewegung die unzweifelhafte Folge sein müßte. Napoleon stellte dadurch gegen seine gewohnte Kriegs-Energie den Werth weitreichender strategischer Manöver, die von dem Feinde abführten, über den Werth einer nahe zur Hand liegenden, partiellen Schlacht, die unmittelbar vorwärts gegen den Feind zu finden war.

Hören wir nun seine Befehle zum 10. Oktober.

Am frühen Morgen des 10. Oktobers, 4 Uhr, erhielt Marschall Ney die Weisung, das 3. Korps nach Skäna zu führen, von dort die Uebergänge der unteren Mulde zu beobachten und die Ordre zum Abmarsch nach Wittenberg zu erwarten. Die Division Dombrowski und das 7. Korps sollten auf der Straße Düben-Wittenberg nach Kemberg gehen. Das 11. Korps, verstärkt durch leichte Kavallerie, wurde beauftragt, über Wildenhayn das Korps des Generals von Sacken aufzusuchen. Das 4. Korps und das 2. Kavallerie-Korps empfingen die Direktion näher an die Elbe heran, über Trebitz gegen die Brücken bei Elster zu avanciren, und gleichfalls die Weisung, daß sie zum Uebergange bei Wittenberg bestimmt seien.

Es waren also die Korps aus der Gegend von Mockrehna dazu bestimmt, den General Sacken in der Richtung auf Wartenburg zu verfolgen. Der kühne Zug Sacken's nach Skäna ist hiernach dem Kaiser um diese Zeit noch unbekannt gewesen, wenngleich französische Patrouillen in der Nacht bis zu jenem Dorf vorgegangen waren.

Auf seinem linken Flügel bestimmte Napoleon das 6. Korps dazu, Bitterfeld, Delitzsch und Leipzig zu beobachten und die Muldebrücken bei Düben und Eilenburg zu decken. Die Garden ließ er nach Düben marschiren, Eilenburg und Wurzen blieben aber besetzt.

Am Abend dieses Tages stehen demgemäß auf dem rechten Flügel das 2. Kavallerie-Korps bei Trebitz, das 11. Korps in Pretsch, das 4. in Schmiedeberg; — in der Mitte das 7. Korps und die Division Dombrowski in Kemberg, das 3. Korps und das 3. Kavallerie-Korps bei Gräfenhaynchen und Gröbern, die Garden in Düben; — auf dem linken Flügel hatte Marmont mit dem 6. Korps von Crensitz nach Düben den Marsch schon angetreten, als er von Napoleon nach Crensitz zurückgeschickt wurde. Diese Bewegung gab den Vorposten der Schlesischen Armee zu Meldungen Veranlassung, die wir später kennen lernen werden. Das 1. Kavallerie-Korps blieb bei Glaucha stehen.

Im Laufe des 10. Oktober spricht Napoleon seine Gedanken in folgender Art aus:

"Wenn der König von Neapel genöthigt wird, vor dem Anmarsch der verbündeten Hauptarmee mit Arrighi und Augereau Leipzig zu räumen, so geht sein Rückzug bei Eilenburg und Düben über die Mulde auf Torgau und Wittenberg. Meine Absicht ist, wieder die Elbe nach dem rechten Ufer hin zu überschreiten, mich auf die Schlesische Armee und auf die von Berlin zu werfen und zwischen Dresden und Magdeburg zu operiren. Sollte Marschall St. Cyr in Folge eines Angriffs auch Dresden verlassen müssen, so hat sich derselbe auf Torgau zurückzuziehen. Ich werde mit ihm daselbst wieder in Verbindung treten, sobald ich die Schlesische Armee geschlagen habe. Vielleicht findet schon in zwei oder drei Tagen die nächste Schlacht bei Wittenberg statt. Siege ich hier, so werden die Oesterreicher nach Böhmen zurückkehren; ich degagire St. Cyr bei Torgau und mache dann einen Besuch in Berlin. Kommt es nicht zur Schlacht auf dem rechten Elbufer, weil der Feind auf dem linken Elbufer bleibt, so falle ich auch einmal auf seine Kommunikationslinie und überrasche ihn, indem ich aus Magdeburg, Wittenberg, Torgau oder Dresden wieder debouchire." —

Als Blücher von den Bewegungen Napoleon's auf dem rechten Mulde-Ufer dem Kronprinzen von Schweden noch am Abend des 9. Oktober Kenntniß gab, erwiderte derselbe am 10. Oktober Morgens, daß es nun unmöglich sei, auf das linke Ufer der Saale überzugehen; denn Napoleon werde die Schlesische und Nordarmee bei dem Abmarsch dorthin lebhaft verfolgen, und in dem Moment des Ueberganges angegriffen, könne man in die nachtheiligste Lage gerathen. Es sei deshalb nothwendig, die Muldebrücken abzubrechen und die Schlesische Armee in dem Dreieck Jeßnitz, Zörbig und Bitterfeld aufzustellen, Front nach Düben, linker Flügel an die Mulde gelehnt. Hinter dieser Aufstellung wolle er die Saal-Uebergänge bei Alsleben und Bernburg vorbereiten.

Durch diesen Vorschlag sah der Kronprinz die Schlesische Armee als eine große Arrieregarde an, unter deren Schutz sich die Nordarmee über die untere Saale, der Elbe zunächst, sicher aus der gefürchteten Nähe Napoleon's abziehen könne.

Um nicht die Verbindung mit dem Kronprinzen diesseits der Elbe zu verlieren, ging Blücher auf diesen **ersten Schritt** zu dem **Abmarsch nach der Saale** ein, und befahl, daß Sacken, dessen Korps von Skäna her bereits die Mulde bei Raguhn überschritten hatte, die Brücke daselbst abbrennen solle, wenn der Feind in überlegener Stärke anrücke; eine Arrieregarde habe diesen Uebergangspunkt besetzt zu halten. Dieselbe Aufgabe erhielt Graf Langeron für Jeßnitz; die Pontonbrücke daselbst sollte abgeschwenkt werden, sobald die Artillerie herüber sei. Alle irgend entbehrlichen Wagen wurden gleichzeitig über Roslau auf das rechte Elbufer geschickt.

Die Marsch-Disposition lautete:

„H.-Q. Jeßnitz den 10. Oktober 1813.

Um 1 Uhr Nachmittags bricht die Armee auf. Das Korps von York marschirt von Bobbau über Salzfurth nach Zörbig, diese Stadt vor dem linken Flügel. Die Avantgarde des Korps geht von Bitterfeld nach Brehna.

Das Korps vom Grafen Langeron marschirt über Wolfen, Thalheim, Rödgen nach Zörbig; die Stadt vor dem rechten Flügel. Die Avantgarde stellt sich bei Roitzsch auf.

Das Korps vom Baron Sacken bleibt bei Jeßnitz und Raguhn stehen, beobachtet den Marsch des Feindes auf dem rechten Ufer der Mulde und stellt seine Avantgarde hinter dem Rheinbachflüßchen auf der großen Straße nach Delitzsch unweit Bitterfeld auf.

Die leichte Kavallerie muß den Feind im Auge behalten. Das Hauptquartier ist Zörbig.

Die 20 Pontons, durch welche die Brücke bei Jeßnitz gebildet ist, werden aufgenommen, sobald die Artillerie die Brücke passirt hat, und gehen dann in einem forcirten Marsch nach Wettin, wo eine Brücke über die Saale geschlagen wird."

Die Artillerie, von welcher die Disposition spricht, ist die der Arrieregarde, die unter General Korff vom Korps Langeron's in Pouch am Abend vorher zurückgeblieben war. Am Morgen des 10. Oktober ging Korff nach Friedersdorf zurück, ließ hier leichte Kavallerie stehen und passirte die Mulde bei Jeßnitz. Er konnte melden, daß die französischen Vorposten seinen Vorposten ruhig gegenüberständen, dagegen feindliche Kolonnen von Düben im Marsch nördlich nach Tornau gesehen worden seien.

Bei Raguhn fanden sich die von Sacken zurückgelassenen Kavallerie-Detachements wieder bei diesem Korps glücklich ein. Auf dem linken Muldeufer schien der Feind am Morgen des 10. Oktober keine Bewegungen machen zu wollen, denn Katzeler meldete aus Paupitsch Vormittags:

„Ew. Excellenz melde ich gehorsamst, daß nach einem Rapport des Majors Schenk der Feind heute früh um 7 Uhr sich noch in der Stellung bei Crensitz befand; — nur seine Kavallerie-Posten hat er aus der Gegend von Hohenroda zurückgezogen. Meine Husaren behalten die Straße von Delitzsch nach Düben fortgesetzt im Auge. Auch lasse ich die Mulde abpatrouilliren."

Auch von der Avantgarde Langeron's meldete General Rudzewitsch die Ruhe des Feindes.

Während die Truppen Mittags den Marsch antraten, eilte Blücher nach Zörbig voraus und hatte auf dem Wege dorthin in Zehbitz wieder eine Konferenz mit dem Kronprinzen, der in Uebereinstimmung mit dem Marsch der Schlesischen Armee auf Zörbig auch das Korps des Generals v. Bülow von Jeßnitz nach Zörbig dirigirt hatte.

Da Napoleon über die Mulde hinaus nicht zu verfolgen schien und für den Augenblick keine Gefahr für die Nordarmee vorlag, so äußerte der Kronprinz die Absicht, nunmehr seine Armee bei Bernburg über die Saale zu führen, um dort eine feste Stellung zu nehmen. Blücher möge sich diesem Abmarsch anschließen, denn so allein werde man einer Schlacht gegen die Uebermacht des französischen Kaisers sicher entgehen. Dieser Vorschlag entsprach aber nicht den strategischen Zwecken, welche Blücher verfolgte. Ihm kam es darauf an, sich der Böhmischen großen Armee zu nähern, den Ebenen Leipzigs zuzumarschiren, nicht aber sich von ihnen zu entfernen, und vereint mit der Nordarmee glaubte er auch die Schlacht gegen den französischen Kaiser annehmen zu dürfen. Er wollte daher den Marsch von Zörbig auf Halle fortgesetzt wissen, weil man von dort die Annäherung der großen Armee erleichtern, dem Kaiser Napoleon an der mittleren Saale zuvorkommen und auch ein günstiges Schlachtfeld bei Halle finden könne.

Allein eine Bewegung bis Halle, die Saale aufwärts, wollte der Kronprinz nur unter dem Schutze dieser Wasserlinie auf dem linken Ufer, nicht auf dem rechten, ausführen, und Blücher gab endlich insoweit nach, daß er für die Schlesische Armee den schon ins Auge gefaßten Uebergangspunkt Wettin forderte, während der Kronprinz dafür die Nordarmee nicht weiter abwärts als bis Alsleben führen wollte. Auch versprach er, bei Wettin sogleich eine Brücke schlagen zu lassen.

Blücher verließ Zehbitz mit gesteigertem Mißtrauen gegen den Kronprinzen und sprach sich darüber rückhaltlos in seiner derben Weise gegen seine Umgebung aus. Der Kronprinz nahm sein Hauptquartier in Radegast.

Während die Truppen sich der Disposition dieses Tages gemäß in Bewegung setzten, veranlaßte der Marsch und Kontremarsch des Korps von Marmont folgende Meldungen.

„Auf dem Marsche von Paupitsch nach Brehna, den 10. Oktober 1813, Nachmittags 4 Uhr.

Auf dem durch die Disposition befohlenen Marsch erhalte ich von dem Major v. Sohr die anliegenden, hintereinander gefolgten zwei Meldungen, welche ich Ew. Excellenz mit der gehorsamsten Bitte überreiche, sie dem kommandirenden General mittheilen zu wollen.

Ich setze meinen Marsch auf Brehna fort. Die leichte Kavallerie hat den Feind im Auge. v. Katzeler."

Erste Meldung.

„Benndorf den 10. Oktober 1813.

Der Feind rückt in starken Kolonnen in der Direktion von Eilenburg auf Delitzsch zu, mit Infanterie und Artillerie an der Tete. Meine Vorposten bei Beerendorf hat er bereits zurückgeworfen. Der General Emanuel ist soeben mit seinem Detachement bei mir vorbeimarschirt. Wie er sagt, hat er den Befehl, sich auf der Straße Delitzsch-Zörbig nach Renneritz zurückzuziehen. v. Sohr."

Zweite Meldung.

„Auf der Höhe von Delitzsch, den 10. Oktober 1813, 4 Uhr Nachmittags.

Umstehend ist der Rapport der nach Crensitz geschickten Patrouille. Der Feind steht jetzt hart vor Delitzsch und hat nur wenige Flankeurs vor sich, schießt aber nach jedem unbedeutenden Trupp mit Kanonen.

v. Sohr."

Rapport
der Patrouille des Unteroffiziers Silber.

„Den Herrn Major v. Schenk mit den Husaren habe ich noch bei Sproda getroffen. Ich bin bis Luckowehna, nahe bei Crensitz vorgegangen. Seit einer Stunde ist der Feind in großen Kolonnen im Marsch von Crensitz auf Delitzsch. In diesem Augenblick theilt sich der Feind und mehrere Kolonnen richten ihren Marsch auch auf Düben." —

Diese Meldung wurde auch bestätigt durch den Major v. Klüx der Avantgarde Katzeler's, und zwar in folgender Art.

„Auf der Höhe von Delitzsch, den 10. Oktober 1813, Nachmittags 4½ Uhr.

Da ich nicht weiß, ob Ew. Hochwohlgeboren die einzelnen Meldungen in richtiger Reihenfolge erhalten haben, so beehre ich mich, das Resultat im Ganzen vorzutragen. Der Feind erschien in starker Kolonne gegen Mittag bei Hohenroda, theilte sich dort und marschirte nun in zwei Kolonnen weiter, von welchen die eine über Beerendorf gegen Delitzsch, die andere gegen Düben vorging. Als die Delitzscher Kolonne vor der Stadt erschien, Flankeurs vorgezogen und einige Kanonenkugeln auf Delitzsch richtete, da marschirte General Emanuel dicht bei diesem Ort vorbei nach Zörbig. Die Franzosen stutzten, blieben eine halbe Stunde halten und gingen dann denselben Weg nach Hohenroda zurück, den sie gekommen waren. Um dieselbe Zeit sah man auch die Dübener Kolonne nach Hohenroda zurückkehren. Ich schätze jede dieser Kolonnen auf 10,000 Mann. Diese Bewegung des Feindes hat den Anschein einer starken Rekognoszirung, an deren Fortsetzung ihn vielleicht die Erscheinung des Generals Emanuel gehindert hat. Die Leipziger Straße ist bis eine Meile hinter Delitzsch ganz leer. Die Patrouillen des Majors v. Sohr folgen dem Feinde."

Hatte man in dem Schlesischen Hauptquartier anfänglich geglaubt, Napoleon beabsichtige einen Vorstoß gegen Zörbig, weil er zwischen Mulde und Elbe keine Truppen der Verbündeten gefunden habe, so zeigten doch die letzten Meldungen, daß diese Erwartung nicht zutraf. Alle Truppentheile hatten daher ihren Marsch ungestört fortsetzen können.

Katzeler meldete am Abend:

„Brehna den 10. Oktober 1813, Abends 7 Uhr.

In diesem Augenblick bin ich bei Brehna mit der Avantgarde angekommen. Der rechte Flügel meiner Vorposten steht in Landsberg, der linke Flügel lehnt sich an Roitzsch und ist mit dem General Emanuel in Verbindung. Ich habe hier die Vorposten der Avantgarde des Generals v. Borstell angetroffen. Eine Eskadron Westpreußischer Ulanen unter dem Major v. Romberg steht bei Brehna und eine Eskadron dieses Regiments unter dem Major v. Schmeling in Landsberg. Auch einige Eskadrons russischer, leichter Kavallerie stehen noch hier bei Brehna."

Das Gros York's erreichte Zörbig; ebenso das Gros von Langeron. Seine Avantgarde unter Rudzewitsch kam von Bitterfeld nach Renneritz und dessen Vorposten unter Emanuel beobachteten von der Lober aus den Weg nach Delitzsch und das Terrain südlich von Bitterfeld bis zur Mulde, da die Avantgarde Sacken's erst spät bei Bitterfeld eintraf. Das Gros Sacken's blieb bei Raguhn, Korff bei Jeßnitz.

Von dem rechten Mulde-Ufer erhielt Sacken die Meldung, daß eine feindliche Kolonne nach Kemberg marschirt sei.

Von der Nordarmee war Bülow's Korps ebenfalls nach Zörbig gegangen, die Avantgarde zwischen Zörbig und Landsberg nach Quetz. Graf Tauentzien führte das Reservekorps von Hinsdorf nach Dessau zurück, um auch dort die Muldebrücke zu zerstören und sich in den Brückenkopf von

Roßlau zu werfen, wenn der Feind über die Mulde folgen und ihn angreifen sollte. General Hirschfeld blieb bei Aken und verstärkte von hier aus Bern=
burg, dessen Besatzung bereits einen Angriff von Truppen der Magdeburger Garnison abgewiesen hatte. Die Russen blieben bei Radegast. Die Schwe=
den rückten nach Gröbzig und Löbejün. —

General Rauch hatte schon in der Nacht zum 10. Oktober die Ponton=
brücke bei Elster abfahren lassen und war am 10. nach Koswig marschirt. In Elster blieben ein Bataillon und eine Pionier=Kompagnie zurück, um in der Nacht zum 11. Oktober auch die Schiffbrücke abzubrechen.

Der Kronprinz sprach am Abend dieses Tages schriftlich die Absicht aus, am 11. Oktober mit der Nordarmee über die Saale zu gehen. Das Korps von Bülow sollte diesen Uebergang in Gemeinschaft mit der Schlesi=
schen Armee bei Wettin ausführen; das russische Korps sei auf Rothenburg gewiesen, die schwedische Armee auf Alsleben; — wenn aber bei Alsleben die Saale nicht zu überschreiten wäre, so würde man nach Bernburg und von dort auf dem linken Saalufer nach Alsleben marschiren. Um 4 Uhr früh sollten diese Bewegungen beginnen.

Blücher zweifelte hiernach nicht, daß der Kronprinz eine Brücke bei Wet=
tin, die er mündlich versprochen, habe schlagen lassen und dirigirte deshalb die Armee dorthin durch folgende Marsch=Disposition für den 11. Oktober:

„Um 5 Uhr marschirt das Korps von Jork über Stumsdorf, Ostrau, Drehlitz, Krosigk, Langen=Nauendorf, Deutleben nach Wettin und geht da=
selbst über diejenige der beiden Brücken, welche am meisten unterhalb liegt. Die Reserve=Kavallerie macht die Arrieregarde.

Um 5 Uhr marschirt das Korps vom Grafen Langeron auf Rieda, Trebitz, Lettewitz nach Wettin und geht über diejenige der beiden Brücken, welche am meisten oberhalb geschlagen ist. Die Reserve=Kavallerie macht die Arrieregarde.

Das Korps von Sacken zieht alle Posten, welche noch jenseits der Mulde auf dem rechten Ufer stehen, ein, läßt die Brücken von Raguhn und Jeßnitz abtragen und die Böcke absägen. Dann marschirt dieses Korps über Radegast und Löbejün nach Wettin.

Die Bivouaks=Plätze werden in Wettin durch den Generalquartier=
meister General v. Gneisenau den Chefs des Generalstabes jedes Korps angewiesen.

Die Kavallerie der Avantgarden der Korps von Jork und Graf Lan=
geron, nebst der reitenden Artillerie, bleibt stehen, sowie es die Disposi=
tion vom 9. d. Mts. — (Instruktion für die Avantgarden zum Marsch auf Leipzig) — besagt. Die Infanterie nebst der Fußartillerie marschirt bis hinter den Petersberg — (beim Amt Petersberg, westlich von Dreh=
litz), — wo sie sich verdeckt aufstellt.

Die Avantgarde des Korps von Sacken folgt ihrem Korps über Ra=
degast und Löbejün, benachrichtigt aber die benachbarte Avantgarde über
den Zweck des Abmarsches, damit diese die Gegend von Bitterfeld mit
beobachtet.

Zur Nachricht dient, daß Halle mit 5000 Mann (Russen) besetzt ist
und daß morgen die Armee des Kronprinzen von Schweden ebenfalls die
Saale passirt und zwar:

das Korps von Bülow bei Wettin,
das Korps von Wintzingerode bei Rothenburg,
das schwedische Korps bei Alsleben.

H.-Q. Zörbig den 10. Oktober 1813."

Da die Kavallerie Katzeler's am folgenden Tage, den 11. Oktober, bei
Brehna und Gegend stehen blieb, so benutzte Reyher einen Moment der
Ruhe und schrieb wieder an seinen Vater. Wir haben seinen letzten Brief
aus dem Bivouak bei Bischofswerda, den 21. September, kennen gelernt.
An Allem, was seitdem Großes und Kühnes in der Schlesischen Armee ge=
schehen war, hatte ja Reyher innerhalb seines Dienstkreises rechtschaffenen
Antheil gehabt. Er konnte in der That mit innerer Genugthuung auch auf
die jüngste Periode seines Lebens zurückblicken, und er durfte diesem Gefühl
mit Recht einen selbstbewußten Ausdruck geben. War es doch im tiefsten
Grunde nur die volle Freude des Sohnes, welche dem Vater gegenüber
durch gute und glückliche Nachrichten über sich selbst zur Aeußerung kam.
Reyher hatte ohne Ruhmredigkeit das einstimmige Zeugniß seiner Kameraden
und seiner Vorgesetzten für sein Wohlverhalten und seine vortrefflichen Dienst=
leistungen für sich. Mit überströmendem Gefühl treuester Liebe beginnt er:

„Theurer, herzlich geliebter Vater!

Am 3. Oktober sind wir bei Elster im Angesicht des Feindes über
die Elbe gegangen. Es fand ein sehr hitziges Gefecht mit großen Ver=
lusten auf beiden Seiten statt. Aber unsere Infanterie warf den Feind
mit Ungestüm aus allen seinen Positionen. Nie bin ich im Laufe der
Campagne dem Tode so nahe gewesen, als an diesem Tage, denn eine
Kanonenkugel ging so dicht an meiner rechten Schulter vorbei, daß ich
durch den Druck der Luft ordentlich Schmerzen empfand. Auch die Armee
des Kronprinzen von Schweden hat die Elbe überschritten und sich mit der
Armee Blücher's vereinigt: — beide stehen heute an der Saale. Der
Feind soll sich nach Leipzig hin konzentriren.

Gewiß, mein lieber Vater, ich bin von meinen Heldenthaten nicht ein=
genommen; aber das darf ich Ihnen dreist sagen, daß alle meine Waffen=
brüder mir in dieser Hinsicht ein sehr vortheilhaftes Zeugniß geben wür=
den, und was mir besonders werth ist, mein braver Oberst äußert sich
über mich sehr schmeichelhaft. Ueberhaupt habe ich meinen Ruf und meine

Ehre, die wirkliche Ehre, bis jetzt sorgfältig bewahrt, und ich werde sie, so lange ich lebe, als meinen köstlichsten Schatz betrachten. Ja, mein Vater, es ist ein ganz eigenes Gefühl, wenn man so recht dreist allen seinen früheren und jetzigen Vorgesetzten und Untergebenen unter die Augen treten kann und eine innere Stimme uns dann zuruft: Du hast als redlicher Mann im weitesten Sinne des Wortes immer Deine Pflicht erfüllt.

Tiefes Mitgefühl erfaßt mich immer, wenn ich die Leiden der unglücklichen Einwohner mit ansehen muß. Man möchte helfen und kann es doch nicht immer. Der Soldat bekommt keine regelmäßige Verpflegung, oft Tage lang kein Brod, keine ausreichende Bekleidung, keine Löhnung. Kann man es ihm da verargen, wenn er nach großen Strapazen sich selbst zu helfen sucht?

In diesem Augenblick erhalte ich einen Brief von Fritz aus Töplitz, datirt den 27. September. Er und Heinrich sind gesund. Freilich Ueberfluß haben auch sie bei der großen Armee nicht. Beide sind — wie Fritz scherzweise schreibt — im Begriff, ihre Zahlungen gänzlich einzustellen. Ich habe ihnen deshalb schnell einige gute Papiere zugesendet, die hoffentlich ihren Kredit wieder heben werden.

Der guten Mutter danke ich herzlich für ihr Anerbieten, mir helfen zu wollen. Meinen Verlust habe ich längst vergessen und bin schon wieder im Besitz eines tüchtigen Mantels; auch an Wäsche und Geld fehlt es mir nicht. Seien Sie also um mich ganz unbesorgt.

Vor einigen Tagen erhielt ich durch einen Boten den beiliegenden, für mich sehr erfreulichen Brief von meinen Kameraden des Westpreußischen Ulanen-Regiments. Ich habe in Holzweißig einen sehr fröhlichen Abend verlebt.

Gott lasse es Ihnen wohlgehen, geliebte Eltern!

Empfehlen Sie mich allen meinen Gönnern und Freunden, und lassen Sie mich ja nicht zu lange auf Antwort warten. Bald erhalten Sie wieder Nachricht von

Ihrem
ganz gehorsamsten Sohne
Brehna den 11. Oktober 1813. Carl."

Der Brief, den Reyher beigelegt hatte, enthielt eine Einladung des Offizierkorps des Westpreußischen Ulanen-Regiments nach Holzweißig, wo sich damals das Regiment, zu dem Korps Bülow's gehörend, befand. Sein Inhalt ist charakteristisch für die Stellung Reyher's zu seinen Kameraden.

Der Regiments-Adjutant, Lieutenant Wellmann, schreibt nämlich aus Holzweißig, den 8. Oktober:

„Mein guter, lieber Reyher!

Sie wissen, wie lieb wir Sie Alle beim Regiment haben. Ich bin deshalb als Dollmetscher sämmtlicher Kameraden berufen worden, Sie zu ersuchen, uns heute hier Ihre theure Gegenwart zu schenken; nicht allein, um Sie auf die freundschaftlichste Weise bestens zu bewirthen, sondern Ihnen auch den Kuß der treuesten Freundschaft zu geben. Das ist der Hauptzweck dieser Einladung."

Einige andere Kameraden hatten diesen Zeilen sehr wohlwollende Ausdrücke hinzugefügt. —

Wir kehren zu Napoleon zurück. Die Meldungen, welche der französische Kaiser in der Nacht vom 10. zum 11. Oktober erhielt, stellten es außer Zweifel, daß Sacken mit seinem Korps das linke Mulde-Ufer glücklich erreicht habe; man glaubte ihn im Rückzuge auf Dessau, und Napoleon schloß daraus, daß die Schlesische und Nordarmee sich ebenfalls bei Dessau vereinigt hätten, wahrscheinlich, um bei Roslau von dem linken auf das rechte Elbufer zurückzukehren. Diese Voraussetzung hielt Napoleon fest, weil sie seinen Wünschen entsprach. In Uebereinstimmung mit seinem bereits gefaßten Entschluß, auf dem rechten Elbufer zu operiren, befahl er deshalb zum 11. Oktober, daß die auf Wittenberg eingeleitete Bewegung fortgesetzt werden solle, um dort die Elbe zu einer Bewegung auf Roslau zu überschreiten; nur Ney wurde angewiesen, mit dem 3. Korps und mit einem Theil des 3. Kavallerie-Korps bei Gräfenhaynchen stehen zu bleiben, die Uebergänge bei Raguhn, Jeßnitz und Mühlbeck im Auge zu behalten, die Straße nach Wittenberg zu decken, Oranienbaum zu besetzen und die Gegend von Dessau zu rekognosziren. Von den übrigen Theilen der französischen Armee marschirte die Division Dombrowski, das 2. Kavallerie-Korps, die Kavallerie Chastel und das 7. Korps Reynier nach und durch Wittenberg. General Thümen hob beim Debouchiren dieser Truppen die Einschließung der Festung auf und ging auf dem Wege nach Koswig bis Piesteritz zurück. Das 4. Korps Bertrand marschirte durch Schmiedeberg nach Trebitz, Avantgarde nach Wartenburg; sie fand die Brücke bei Elster bereits abgebrochen. Major Reibnitz zog sich auf Jüterbogk zurück. Das 11. Korps Macdonald erreichte Pretsch, das 1. Kavallerie-Korps Kemberg. Napoleon hatte die Absicht, persönlich und mit den Garden von Düben nach Kemberg zu folgen; allein als die junge Garde bereits dorthin aufgebrochen war, erhielt er im Laufe des Vormittags die Nachricht, die Schlesische und Nordarmee seien nicht mehr bei Dessau, aber auch nicht über die Elbe gegangen. Napoleon wurde dadurch ungewiß; er hielt die junge Garde an und blieb persönlich mit der alten Garde in Düben.

Das 6. Korps Marmont sollte ursprünglich von dem linken Mulde-Ufer bei Düben auf das rechte Ufer übergehen und diese Stadt besetzen, sobald dieselbe von den Garden geräumt sei. Da indessen Düben von den Garden nicht verlassen wurde, so blieb Marmont, diesem Ort gegenüber, auf dem linken Ufer stehen und schickte seine Kavallerie, gefolgt von einem Detachement Infanterie, auf Bitterfeld, um es, wenn irgend möglich, zu besetzen. Durch diese Rekognoszirung sollte ermittelt werden, ob Truppen der Schlesischen Armee sich noch bei Jeßnitz befänden. Eilenburg und Wurzen wurden von den Franzosen auch heute besetzt gehalten.

Als Napoleon auf diese Weise den größeren Theil seiner Armee auf Wittenberg dirigirte, traten Blücher und der Kronprinz den Abmarsch nach der Saale an. Man marschirte also nach entgegengesetzten Richtungen auseinander, ohne auf beiden Seiten von dieser eigenthümlichen strategischen Situation eine Kenntniß zu haben. Blücher und der Kronprinz sicherten sich gegen eine etwanige Verfolgung; — Napoleon sah die besetzte Mulde als die Sicherung seines Abmarsches nach Wittenberg an.

Indessen erlitt die Marsch-Disposition Blücher's im Laufe des 11. Oktobers eine sehr wesentliche Abänderung. Es stellte sich nämlich heraus, daß der Uebergang der Schlesischen Armee über die Saale bei Wettin nicht möglich sei. Die in Jeßnitz aufgehobene Pontonbrücke konnte bei Wettin nicht rechtzeitig eintreffen und der Kronprinz hatte an demselben Ort weder eine Brücke schlagen lassen, noch ihren Bau vorbereitet. Wenn der Kronprinz mit dieser Unterlassung die Absicht verband, die Schlesische Armee abwärts nach der unteren Saale zu ziehen, so faßte Blücher den störenden Umstand einer fehlenden Brücke im entgegengesetzten Sinne auf: — er beschloß die Saale aufwärts zu marschiren und zwar nach Halle, wo, wie wir wissen, bereits eine Abtheilung des General Worontzow stand. Freilich gehörte dazu für die Truppen ein Gewaltmarsch von fünf Meilen. Blücher wollte aber unter allen Umständen der Böhmischen Hauptarmee in der Richtung auf Leipzig näher kommen, nicht sich von ihr entfernen. Zwischen Trebitz und Lettewitz bog das Korps von Langeron zuerst auf der großen Straße nach Halle südlich aus und überschritt auch zuerst bei Halle die Saale. Es bezog Bivouaks oberhalb der Stadt. Das Korps von York befand sich in Langen-Neuendorf, als es die Direktion auf Halle erhielt. Durch die russische Kolonne aufgehalten, konnte York erst den Abend und in die Nacht hinein die Saale passiren. Das Korps lagerte bei Nietleben und Zscherben; eine Brigade besetzte die Stadt, die Reserve-Kavallerie war auf dem rechten Saalufer bei Diemitz und Bischdorf stehen geblieben. Das Korps von Sacken hatte schon nach Wettin einen Marsch von fünf Meilen; es kam spät Abends dort an und bivouakirte auf dem rechten Saalufer. Die russische Kavallerie folgte noch später und meldete die Bewegung der Franzosen auf Bitterfeld, von der wir oben bereits sprachen. Sämmtliche Kavallerie-Detachements verließen das rechte Mulde-Ufer, worauf die Brücken bei Raguhn und Jeßnitz zerstört wurden; sie meldeten das Stillstehen des Feindes bei Gräfenhaynchen und Gröbern. Die Infanterie der Avantgarden York's und Langeron's postirte sich hinter dem Petersberge, und zwar Major Hiller bei

Krosigk, General Rudzewitsch bei Kaltenmarkt. Die Kavallerie beider Avantgarden war, dem Befehl gemäß, stehen geblieben, nämlich Katzeler bei Brehna, die Russen bei Roitsch, mit Vorposten gegen Delitzsch, Sehlhausen und Bitterfeld.

Die Schweden passirten die Saale bei Alsleben, die Russen bei Rothenburg. Bülow mußte sich von Wettin die Saale abwärts nach Rothenburg wenden, blieb aber für die Nacht daselbst auf dem rechten Ufer. Tauentzien stand bei Dessau und beobachtete Oranienbaum und Wörlitz. General Rauch erreichte von Koswig auf dem rechten Elbufer Steitz, Aken gegenüber. Fürst Stscherbatow konnte mit dem Observations-Korps wegen Mangel an Uebergangsmittel die Elbe nicht überschreiten; — er stand am 11. Oktober in Großenhayn und fand hier den Befehl Blücher's, auf Elster zu marschiren.

Blücher benachrichtigte den Kronprinzen, daß, weil er bei Wettin keine Brücke gefunden, er nach Halle marschirt sei, wo seine Armee mit zwei Korps konzentrirt stehe. Er lud den Prinzen gleichzeitig zu einem Vorgehen auf Leipzig ein, um dort den Feind in Gemeinschaft mit der Hauptarmee angreifen zu können.

Die große Böhmische Armee hatte in der That ihre Operation auf Leipzig der Art fortgesetzt, daß am 11. Oktober Abends die Hauptmasse derselben bei Altenburg stand, die Queue in Penig, die Tete in Borna. Das Kosaken-Korps unter General Platow war schon über die Elster gegangen und stand westlich von Leipzig bei Lützen. Denkt man sich von Altenburg nach Halle eine gerade Linie gezogen, so liegt Lützen ungefähr in der Mitte, gleichweit, nämlich vier Meilen, von Altenburg wie von Halle. Leipzig, weiter östlich von Lützen, ist von Altenburg wie von Halle nur fünf Meilen entfernt. Die Vereinigung der Schlesischen mit der Hauptarmee war also nach der Mitte zu in zwei Tagemärschen möglich. Nur der Kronprinz von Schweden stand bei Alsleben um die doppelte Entfernung zurück, nämlich vier Meilen von Halle, also acht von Lützen, neun von Leipzig.

Blücher setzte nach den wenigen Meldungen, die er erhalten, voraus, Napoleon marschire von Düben auf Dessau, wo er auf den nach Roslau zurückweichenden Grafen Tauentzien stoßen werde. Von der Bewegung der französischen Armee auf Wittenberg hatte er noch keine Kenntniß. Ging aber Napoleon nach Dessau, so stand der Vereinigung der verbündeten Armeen bei Leipzig kein entscheidendes Hinderniß entgegen. Die bei Leipzig und Umgegend verbliebenen feindlichen Truppen unter Murat, Arrighi und Augereau konnten dann um so sicherer überwältigt werden. Vereinigte aber der französische Kaiser vorher alle diese Truppen mit seiner Hauptarmee, so waren unterdessen auch die Armeen der Alliirten zu der gemeinschaftlichen Hauptschlacht konzentrirt.

Der Kronprinz dagegen faßte die Sachlage nach seinem Schreiben an Blücher von demselben Tage anders auf. Er bemerkte zunächst mit Genug-

thuung, daß die Schlesische Armee bei Halle in erster Linie und die Nord=
armee bei Alsleben dahinter in zweiter Linie stehe. General Worontzow sei
daher mit der Kavallerie bei Halle nicht mehr nöthig; er werde ihn zurück=
ziehen und weiter westlich verwenden. Von Napoleon nahm er mit Bestimmt=
heit an, derselbe werde seine Armeekorps bei Leipzig zusammenziehen, um sich
von dort nach Altenburg hin der Böhmischen Hauptarmee entgegenzuwerfen.
Trete dieser Fall ein, dann erst sei es an der Zeit, gegen Leipzig zu avan=
ciren. Mit Aken und Dessau in der Hand biete die Stellung an der unte=
ren Saale den Vortheil, eine Schlacht annehmen, aber auch dem Kaiser Na=
poleon ausweichen zu können. Der Kronprinz suchte, wie immer, die volle
Sicherheit seiner Armee, und er wußte sie stets mit strategischem Geschick
herbeizuführen.

Unabhängig von diesen Anschauungen wollte Blücher zunächst Merseburg,
auf dem halben Wege nach Lützen liegend, besetzen und Sacken nach Halle
ziehen. Er befahl deshalb noch am 11. Oktober aus Halle zum 12. Ok=
tober:

„Graf Langeron sendet morgen ein Korps nach Merseburg, welches
diese Stadt und das linke Saalufer besetzt, — zieht die Reserve-Kavallerie
wieder an sich heran und läßt die Saale und das jenseitige Ufer beob=
achten.

Das Korps von York bleibt in derselben Aufstellung, die es heute
eingenommen hat.

Das Korps von Sacken passirt bei Wettin auf der (nun geschlagenen)
Pontonbrücke die Saale und marschirt nach Langenbogen und Deutschen=
thal. Die Pontonbrücke bleibt stehen.

Die Avantgarden von Katzeler und von Rudzewitsch verbleiben in ihrer
Aufstellung am Petersberge, bis sie vom Feinde vertrieben werden und
ziehen sich sodann gemeinschaftlich über die Pontonbrücke bei Wettin, wo=
selbst sie am linken Ufer Batterien auffahren und die Brücke abbrechen,
sobald sie völlig (mit Einschluß der Kavallerie) den Fluß passirt haben.

Mein Hauptquartier bleibt morgen in Halle!"

Langeron bestimmte das Korps des Grafen St. Priest zur Besetzung
Merseburgs und verstärkte ihn durch zwei Kavallerie-Regimenter.

Am 12. Oktober lenkte Napoleon wieder in die Bahn strategischer Ope=
rationen ein, welche ihn in unmittelbaren Contact mit den feindlichen
Haupt-Streitkräften bringen mußten. Allein dieser Wechsel in seinen Gedan=
ken und Plänen trat erst am Nachmittag hervor; am Vormittag sehen wir
ihn noch Befehle für die Bewegungen auf dem rechten Elbufer geben. Es
blieb ihm auch heute noch unbekannt, wo sich eigentlich die Schlesische Armee
befinde; Gerüchte deuteten auf die Saale und selbst auf Halle hin; aber
militairische Meldungen gaben ihm darüber noch keinen Aufschluß. Die

Nordarmee glaubte er dagegen bei Dessau (Tauentzien) vor sich zu haben, sei es ganz oder nur theilweise. Ney sollte sie angreifen und die Stadt besetzen, während Dombrowski, Reynier und Sebastiani von Wittenberg gegen Roslau avanciren würden, um sich des dortigen Brückenkopfes zu bemächtigen und ihn zu zerstören. Die Muldebrücken dagegen sollte Ney wieder herstellen lassen. Bertrand, von dem vorausgesetzt wurde, er habe die Brücken bei Elster vernichtet, blieb zur Reserve bestimmt, nach Erforderniß auf dem linken oder rechten Elbufer. Macdonald sollte bis Wittenberg marschiren und dort die weitere Direktion, je nach der Sachlage, abwarten; die Garden bei Düben; Marmont auf dem linken Mulde-Ufer.

Die betreffenden Befehle gab Napoleon in Düben um 4 Uhr Morgens und ließ an Ney hinzufügen: „Der Kaiser verspricht sich die glücklichsten Resultate von dieser Operation und empfiehlt Ihnen, den Feind lebhaft zu drängen."

Tauentzien war indessen auf seiner Huth. Er hatte seine Vortruppen aus Wörlitz und Oranienbaum bereits nach Dessau zurückgezogen. Unter dem Schutze einer Arrieregarde, die mit der Kavallerie Ney's lebhaft engagirt war, räumte er Dessau, überschritt bei Roslau die Elbe und brach die dortige Brücke ab. Ney blieb in Dessau stehen. — Reynier stieß bei Koswig auf Thümen, warf ihn zurück, blieb aber westlich von Koswig bei Klieken halten. Thümen gewann dadurch Zeit, sich mit Tauentzien zu vereinigen, und beide marschirten unverfolgt auf Zerbst ab.

Dieses Resultat entsprach nicht den gehegten großen Erwartungen. Napoleon vergrößerte es sich aber dadurch, daß er annahm, die ganze Nordarmee sei doch auf das rechte Elbufer zurückgegangen.

Marmont hatte gleichzeitig wieder Delitzsch besetzt, um von dort aus die Saale näher beobachten zu können.

Am Nachmittag dieses Tages empfing Napoleon in Düben sehr bedenkliche Nachrichten, die König Murat ihm über das Vorrücken der Böhmischen Hauptarmee auf Leipzig einsandte. Murat war von Borna bis Cröbern, $1^{1}/_{4}$ Meile südlich von Leipzig, zurückgeworfen worden; der Feind stand schon in Lützen und an der Saale. Leipzig, im westlichen Halbkreise umstellt, konnte in kurzer Zeit für die französische Armee verloren gehen. Diese Situation, deren Entwickelung Napoleon so schnell — wenigstens für seine Pläne jenseits der Elbe — nicht erwartet hatte, ließ seine volle Kriegs-Energie wieder erwachen. Nachmittags 4 Uhr sprach er dem Könige von Neapel schriftlich den Entschluß aus, seine ganze Armee — mehr als 200,000 Mann — bei Leipzig zu vereinigen und dort gegen die Verbündeten die Schlacht zu suchen. Es war dem Kaiser nur selbst zweifelhaft, ob dieser Entschluß bei der Zerstreuung der Armee von Leipzig bis Wittenberg und Koswig noch ausführbar sei: — die Bedingung dazu war die Behauptung Leipzigs, und Napoleon legte den größten Werth darauf.

Murat sollte deshalb auf das Schleunigste melden, ob er am 13. Oktober und bis zum 14. Oktober früh Morgens Leipzig werde halten können. Marmont würde dann sogleich auf Taucha abmarschiren, die Garden von Düben her folgen, dadurch 80,000 Mann am 13. in der Nähe von Leipzig versammelt sein und am 14. Oktober die ganze Armee vereinigt werden. Sollte aber Murat schon am 13. Oktober aus der Gegend von Leipzig weichen und die Stadt den Verbündeten überlassen müssen, dann habe er sich an die Mulde, zunächst nach Wurzen, zurückzuziehen, um dort den linken Flügel der strategischen Aufstellung auf dem rechten Mulde-Ufer zu bilden, deren Mitte Eilenburg und Düben, deren rechter Flügel Dessau wäre. Von der Mulde aus wolle dann der Kaiser operiren und den Verbündeten eine Schlacht liefern. Murat habe seine Antwort, von der die weiteren Befehle abhingen, durch Offiziere auf Courier-Pferden nach Düben zu schicken. —

Erst an dem heutigen Tage erfuhr Blücher, daß Napoleon von Düben eine Bewegung auf Wittenberg gemacht habe. General Rudzewitsch sandte diese Nachricht ein, die er durch einen Gefangenen erhalten hatte. In dem Hauptquartier zu Halle glaubte man, es sei dies die Einleitung zu einer Operation, durch welche der französische Kaiser auf dem rechten Elbufer einen Marsch nach Magdeburg beabsichtige, um bei dieser Festung wieder auf das linke Ufer überzugehen, sei es zum weiteren Rückzuge oder zum Angriff auf die Verbündeten. Trat dieser Fall wirklich ein, dann konnte auch bei Leipzig nur eine verhältnißmäßig geringe Zahl französischer Truppen stehen.

Katzeler schien diese letztere Annahme zu bestätigen, denn er meldete aus

„Brehna den 12. Oktober 1813, 9½ Uhr Morgens.

Gestern Nachmittag sind etwa 300 Mann feindlicher Truppen in Bitterfeld gewesen, die einen dort arbeitenden russischen Kurschmied gefangen genommen haben und sich dann nach Eilenburg (Düben?) zurückzogen. Auch Delitzsch ist wieder von russischen Truppen besetzt, und meine Patrouillen haben erst zwei Meilen jenseits dieser Städte, auf der Straße von Delitzsch nach Eilenburg, schwache feindliche Posten angetroffen. Eine Patrouille vom Brandenburgischen Husaren-Regiment ist über Lindenthal hinaus bis dicht vor Leipzig gewesen und hat keinen Feind getroffen. In Leipzig selbst stehen zwei Infanterie-Regimenter, die aber hierher keine Außenposten haben. Ich habe Kundschafter nach Leipzig geschickt und hoffe durch diese zuverlässige Nachrichten zu erhalten."

Auch nach den Meldungen aus dem Terrainabschnitt westlich von Leipzig war der Feind erst nahe vor der Stadt bei Lindenau gefunden worden.

Es kam daher zunächst darauf an, die wirkliche Stärke des Feindes bei Leipzig genau zu rekognosziren, und zu diesem Zweck befahl Blücher seinen Avantgarden zum 13. Oktober:

„H.-Q. Halle, den 12. Oktober.

Die Infanterie der Avantgarde, welche hinter dem Petersberge steht, marschirt mit Tagesanbruch, Halle hart rechts lassend.

Die preußische Infanterie der Avantgarde stellt sich hinter Bruckdorf auf — (³/₄ Meile südöstlich von Halle, Straße nach Schkeuditz), — die russische Infanterie der Avantgarde hinter Reideburg (ca. ½ Meile östlich von Halle).

Die Kavallerie und reitende Artillerie der preußischen Avantgarde marschirt von Brehna in der Direktion von Schkeuditz. Die Kavallerie und reitende Artillerie der russischen Avantgarde marschirt in der Direktion von Kölsa, welches auf der Straße von Landsberg nach Leipzig liegt. Die Kavallerie beider Avantgarden macht eine Rekognoszirung gegen Leipzig und sucht den Feind auf. Es ist sehr wichtig, über dessen Bewegungen Nachrichten einzuziehen.

Die Kavallerie des Kronprinzen von Schweden wird zugleich eine Rekognoszirung auf Bitterfeld und Delitzsch vornehmen. Zur Rechten, jenseits der Elster und Luppe, steht ein Korps vom General Grafen Langeron — (St. Priest in Merseburg, ca. 12,000 Mann), — welches Posten gegen Leipzig hat.

Nach vollbrachter Rekognoszirung setzen sich die Gros der Kavallerie der Avantgarde in die Linie von Gr. Kugel — (³/₄ Meile westlich von Schkeuditz) — bis Landsberg. Die Vorposten bleiben an dem Feinde.

Mit Tagesanbruch werden die Pontons bei Wettin aufgenommen, fahren nach Giebichenstein bei Halle und schlagen dort eine Brücke auf der Stelle, wo die Fähre liegt. Diese Brücke ist, im Fall eines feindlichen Angriffs auf die Avantgarden, für die russische Avantgarde bestimmt. Die preußische Avantgarde zöge sich in diesem Fall durch Halle."

Die Voraussetzung Blücher's, der Kronprinz werde eine Rekognoszirung auf Bitterfeld und Delitzsch befehlen, gründete sich auf die von ihm an den Prinzen gerichtete Aufforderung dazu, unter gleichzeitiger Mittheilung, daß die Schlesische Armee über Landsberg und Schkeuditz Leipzig rekognosziren werde. Blücher fügte hinzu, daß Angriffe auf den Feind bei Leipzig von den drei Armeen an einem und demselben Tage unternommen werden müßten.

Allein der Prinz modifizirte diesen Rekognoszirungsplan, so weit er ihn betraf. Er erhielt nämlich in Rothenburg zuerst die Nachricht von dem Vorgehen französischer Truppen gegen Dessau, dem Verlust dieser Stadt und dem Rückzuge Tauentzien's und Thümen's nach Roslau. Der Kronprinz theilte diese Sachlage dem General Blücher mit und fügte hinzu, daß es unvorsichtig sein würde, unter diesen Umständen auf Leipzig zu marschiren und den Feind im Rücken zu haben; — deshalb sei seine Absicht eine Rekognoszirung auf Cöthen und Dessau, um die wirkliche Stärke des Feindes an der unte=

ren Mulde zu erfahren. In Uebereinstimmung hiermit mußte Bülow schon am heutigen Tage (dem 12.) die Reserve-Kavallerie unter General v. Oppen bis Gorzig vorschicken, deffen ausgesendete Detachements den Verlust Deffau's bestätigten, aber auch die Nachricht brachten, daß auf dem linken Mulde-Ufer französische Truppen sich nicht befänden. Im Uebrigen blieb die Nordarmee heute an der Saale bei Rothenburg und Alsleben stehen.

Blücher dagegen sah durch diesen Zwischenfall seine Aufmerksamkeit auf Leipzig nicht abgelenkt. Mochte Napoleon auf Wittenberg oder auf Deffau marschiren, in beiden Fällen hatte er dadurch Leipzig Preis gegeben, und dort lag dann um so sicherer der Vereinigungspunkt der Schlesischen Armee mit der Böhmischen Hauptarmee. In der Verfolgung dieses Gedankens hält Blücher es für möglich, die für den 13. Oktober schon befohlene Rekognos= zirung gleich mit einem Angriff auf Leipzig, zur Wegnahme der Stadt, ver= binden zu können. Zur Erreichung dieses Zwecks sollte aber das Korps Vork's mitwirken, und zwar nach folgender Ordre:

„H.-Q. Halle, den 12. Oktober 1813,
Abends 6 Uhr.

.... Den 13. mit Tagesanbruch bricht das Korps von Ew. Ex= cellenz auf. Die Kavallerie der Avantgarde hat ihre Instruktion, bei der es bleibt, bis sie gegen Schkeuditz ankommt, wo sie alsdann Hochdero weitere Befehle empfängt.

Mit der Reserve-Kavallerie und der in Halle liegenden, sowie der bei Nietleben bivouakirenden Brigade marschiren Ew. Excellenz gerade auf Leipzig. Die zwei bei Zscherben stehenden Brigaden und die Reserve-Ar= tillerie (exkl. der Artillerie, welche Sie etwa noch zu den beiden ersten Brigaden stoßen zu lassen nöthig finden dürften) folgen bis in die Gegend von Schkeuditz, wo Ew. Excellenz ihnen eine Position anweisen werden. Die Infanterie der Avantgarde bleibt zum Repli bei Bruckdorf stehen. Ist wirklich nur wenig feindliche Infanterie in der Stadt und kein Korps zum Soutien in der Gegend, so schließen Sie dieselbe ein, fordern sie auf oder nehmen sie weg. In Leipzig müssen durchaus Nachrichten vom Feinde zu erhalten sein.

Ist der Feind in oder bei Leipzig zu stark, so daß Sie seiner nicht Herr zu werden denken, so bleiben Sie vor ihm stehen und theilen mir alle Ihre Nachrichten mit, damit ich Ihnen folgen kann. Auf jeden Fall bitte ich mir oft Nachrichten zu geben, damit ich meine Maßregeln danach nehmen kann. Der russische General Emanuel wird Ihre linke Flanke decken. Von Merseburg aus wird etwas gegen Leipzig vorgehen und Ihre rechte Flanke sichern, welche ohnedies durch die Wiesenthäler der Elster sehr gedeckt ist."

Die Einleitung zu dieser Ordre erhielt in allgemeiner Angabe die Nachrichten vom Feinde, die wir eben kennen gelernt haben.

Graf Langeron wurde angewiesen, der Art bei der Unternehmung auf Leipzig mitzuwirken, daß St. Priest aus Merseburg 2000 Mann Kavallerie, Artillerie und Infanterie südlich der Luppe gegen Leipzig vorrücken ließe. Auch sollte er nach Lützen hin die Verbindung mit der großen Armee herstellen.

Sacken traf mit seinem Korps von Wettin her sehr spät in Deutschenthal ein und durfte deshalb vorläufig dort stehen bleiben.

Die Meldungen, welche in der Nacht vom 12. zum 13. Oktober in Halle eingingen, gaben indessen Veranlassung, die Disposition für den 13. zum Theil zu ändern. Von Seiten Katzeler's lautete die Meldung:

"Brehna, den 12. Oktober 1813, 7 Uhr Abends.

Der Feind hat gegen Abend Delitzsch wieder besetzt. Seine Stärke kenne ich noch nicht, habe aber Patrouillen dorthin geschickt. Heute Nachmittag ist eine starke Kanonade in der Entfernung gehört worden, welche noch jetzt, wo es schon dunkel ist, sehr lebhaft fortdauert. Nach der Richtung des Schalles zu urtheilen scheint dieselbe bei Wittenberg zu sein. Eine Patrouille, die ich heute nach Jeßnitz gesendet habe, wird vielleicht nähere Aufschlüsse darüber mitbringen.

Eben meldet mir der Major v. Sohr, daß, nach Aussage eines zu den Russen übergegangenen Deserteurs, der Kaiser Napoleon am 9. d. Mts. von Eilenburg mit einer sehr starken Armee auf Wittenberg marschirt sei; die kaiserlichen Garden seien auch dabei gewesen. Nach einer anderen Nachricht soll der Kaiser am 10. Abends in Düben gewesen sein. Die Feinde sollen das Gerücht verbreitet haben, der Kaiser marschire gerade auf Berlin. In diesem Augenblick erhalte ich die Disposition für den 13., die auszuführen ich nicht verfehlen werde."

Ferner später:

"Brehna, den 12. Oktober, Abends 10 Uhr.

Ew. Excellenz beeile ich mich, abschriftlich in der Anlage eine Meldung gehorsamst zu übersenden, welche ich so eben von dem Major v. Sohr erhalte."

"Landsberg, den 12. Oktober 1813.

Von einem aus Leipzig zurückgekommenen Kaufmann habe ich die bestimmte Nachricht, daß Leipzig mit ungefähr 4000 Mann besetzt ist. Der König von Neapel soll eine Stunde hinter Leipzig in Connewitz stehen. Die Armee, bei welcher sich der Kaiser befindet, steht längs der Mulde von Wurzen über Eilenburg bis Bitterfeld. Der Kaiser ist den 10. d. Mts. noch in Eilenburg gewesen, wo ihn ein Bürger aus Leipzig gesehen hat. Die Stärke dieser Armee schätzt man auf 120,000 Mann. Einem allgemeinen Gerücht in Leipzig zu Folge ist gestern bei Borna mit der Böhmischen Armee eine Schlacht vorgefallen, was Bürger von den Thürmen zu Leipzig gesehen haben, und ist daher heute von französischer Seite bei strenger Strafe das Hinaufsteigen untersagt worden. Daß diese Affaire nicht günstig für den Feind ausgefallen sein muß, bestätigen eine Menge Ausreißer, welche seit gestern gegen Abend und heute noch während des ganzen Tages angekommen sind. Aus allen Truppenarten bestehend, soll der größte Theil ohne Gewehre sein. Man will sogar vermuthen, daß unsere Vorposten von dieser Seite schon bis Rötha vorgedrungen sind.

v. Sohr."

General Rudzewitsch bestätigte Abends aus Kaltenmarkt, daß der Feind Delitzsch und von Düben her auch Sausedlitz besetzt habe, wo er jetzt in großer Stärke lagere.

Wichtiger aber war die Nachricht, welche von St. Priest aus Merseburg einging, daß Marschall Augereau mit dem Observations=Korps von Naumburg her Weißenfels und Lützen passirt habe und nun schon in Leipzig sei. Er hatte auf diesem Wege österreichische und russische Vortruppen zurückgeworfen. Etwa 15,000 Mann des Feindes standen heute noch in Lützen.

Zu der That war durch Augereau eine Verstärkung von 23 Bataillonen und 30 Eskadrons nach Leipzig gekommen, und rechnet man die Truppen Marmont's und die Korps Murat's dazu, so standen zum 13. Oktober Vormittags schon ca. 90,000 Mann zur Vertheidigung der Stadt und der Umgegend bereit.

Wenn man auch im Hauptquartier Blücher's von dieser Stärke des Feindes keine Kenntniß haben konnte, so war doch Augereau's Ankunft bedeutend genug, einen isolirten Angriff auf Leipzig nicht räthlich erscheinen zu lassen. York erhielt deshalb am Morgen des 13. Gegenbefehl, und nur die für diesen Tag angeordneten Rekognoszirungen sollten in ihrem ganzen Umfange zur Ausführung kommen.

Die Entschlüsse, welche Napoleon auf Murat's Antwort basiren wollte, mußten für den 13. Oktober der ganzen strategischen Sachlage eine neue entscheidende Wendung geben.

Die Besetzung Dessau's, der Rückzug Tauentzien's nach Roslau und die Meldung von einem zahlreichen Troß auf dem rechten Elbufer veranlaßten Napoleon zu dem Glauben, daß nicht nur die Nordarmee, sondern auch die Schlesische Armee die Elbe zurück überschritten habe. Es kam ihm deshalb zunächst darauf an, sich in den Besitz der Brücken von Roslau und Aken zu setzen, oder sie zu zerstören, um beiden Armeen einen wiederholten Uebergang von dem rechten auf das linke Elbufer zu erschweren. Reynier wurde deshalb angewiesen, die von Wittenberg her angefangene Offensive über Roslau hinaus bis Aken fortzusetzen, während Ney ihn von Dessau aus, diesseits der Elbe, durch eine gleiche Bewegung auf Aken unterstützen sollte. Bei der Möglichkeit, daß Reynier auf sehr überlegene Kräfte der Verbündeten stoßen könnte, wurde dem Marschall Macdonald, diesseits Wittenberg stehend, freigestellt, ob er über die Elbe gehen und Reynier unterstützen, resp. das Ober-Kommando jenseits der Elbe über Reynier, Dombrowski und Sebastiani übernehmen oder die weiteren Meldungen Reynier's bei Wittenberg abwarten wolle.

Diese Befehle Napoleon's standen in engster Verbindung mit seinem Entschluß, alle verfügbaren Korps sofort nach Leipzig zu führen, denn Murat hatte ihm in der Nacht vom 12. zum 13. Oktober gemeldet, daß er Leipzig am 13. Oktober behaupten werde. Durch die Elbe von dem Kronprinzen und Blücher getrennt, glaubte Napoleon, nun um so sicherer die Böhmische Hauptarmee angreifen zu können. Zwar erfuhr er noch in derselben Nacht mit Bestimmtheit, daß die Schlesische Armee nicht über die Elbe zurückgegangen sei, sondern bei Halle an der Saale stehe; indessen sein Entschluß, die Mulde und Elbe zu verlassen, wurde dadurch nicht mehr geändert; er hoffte, wenigstens die Nordarmee von sich abgeschüttelt zu haben, und wenn dies thatsächlich auch nicht der Fall war, so werden wir doch sehen, wie Bernadotte sich auf's Aeußerste bemühte, aus der gefürchteten Nähe Napoleon's herauszukommen.

Zwischen 4 und 5 Uhr Morgens giebt Napoleon seine Befehle zum Eilmarsch der Armee nach Leipzig. Marmont war bereits an den König von Neapel gewiesen worden. Die alte Garde folgte ihm zunächst. Was noch auf dem rechten Ufer der Mulde stand, wurde auf Düben zurückdirigirt, nämlich die junge Garde, die Kavallerie Latour's, die Korps von Bertrand und Macdonald. Reynier, mit Dombrowski und Sebastiani, sollte über Wittenberg wieder nach Düben marschiren und mit Ney auf Leipzig nachrücken. Natürlich brauchten die entfernteren Korps mehr Zeit, konnten daher auch erst später bei Leipzig eintreffen. Napoleon sprach es gleichzeitig aus, daß er einer Hauptschlacht entgegengehe; der Augenblick sei sehr wichtig; wahrscheinlich werde die Schlacht am 15. oder 16. Oktober stattfinden.

Ehe der Rückzugs-Befehl den General Reynier erreichen konnte, hatte derselbe, der ersten Weisung Napoleon's gemäß, den Marsch auf Roslau fortgesetzt und von dort ein Detachement auf Aken vorgetrieben, wo wir die Generale Rauch und Hirschfeld wissen. Rauch war schon am Morgen dieses Tages (13.) auf das linke Elbufer gegangen und nach Cöthen abmarschirt. Hirschfeld ließ bei der Annäherung der Franzosen die Brücke zum Theil abbrechen; man kanonirte sich gegenseitig, und um 4 Uhr Nachmittags kehrten die Franzosen nach Roslau zurück. Französische Kavallerie war auf Treuenbrietzen, Belzig und Zerbst vorgeschoben worden. Tauentzien hielt sich für verfolgt und marschirte unaufhaltsam von Zerbst über Görzke und Brandenburg nach Berlin.

Einige Bataillone Ney's gingen erst am Abend von Dessau gegen Aken vor, wurden aber hier abgewiesen und kehrten am folgenden Morgen auch nach Dessau zurück.

Wenden wir uns nun zur Schlesischen Armee, um den Erfolg der Rekognoszirungen der Avantgarden gegen Leipzig kennen zu lernen.

Die Infanterie der preußischen und der russischen Avantgarde marschirte, dem Befehl gemäß, nach Bruckdorf und Reideburg. Katzeler führte seine Kavallerie von Brehna über Landsberg nach Glessien (nördlich von Schkeuditz) und meldete von hier:

„Auf dem Marsch bei Glessien, den 13. Oktober 1813, Nachmittags 1 Uhr.

Ew. Excellenz melde ich gehorsamst, daß ich einen Offizier zum russischen General Emanuel geschickt hatte, um eine Rekognoszirung, die dieser General bei seinem Vorbeimarsch gegen Delitzsch unternahm, mit anzusehen. Der Offizier bringt mir die Nachricht, daß der Marschall Marmont mit seinem Korps in der vergangenen Nacht in und um Delitzsch gestanden habe, heute Morgen aber nach Taucha abmarschirt sei.

Ich werde meine Rekognoszirung in Gemeinschaft mit dem General Emanuel gegen Leipzig fortsetzen."

Als diese Rekognoszirung von Schkeuditz auf der Straße Halle-Leipzig beendet war, berichtete der Oberst:

„Schkeuditz, den 13. Oktober 1813, Abends 8 Uhr.

In Folge der erhaltenen Disposition habe ich mit der Kavallerie der Avantgarde eine Rekognoszirung gegen Leipzig ausgeführt. Das Dorf Möckern fand ich mit etwa einem Infanterie-Bataillon besetzt; ein Kavallerie-Regiment, welches hinter dem Dorfe stand, diente diesem Bataillon zum Soutien. Ich ging dem Feinde mit dem größeren Theil meiner Kavallerie und mit 3 Geschützen in die rechte Flanke, in der Absicht, ihn dadurch zur Entwickelung größerer Streitkräfte zu nöthigen; — allein er zog sich schleunigst bis Gohlis zurück. Hier ließ ich ihn von meiner Artillerie so lange beschießen, bis er sechs Geschütze vorbrachte und mein Feuer beantwortete. Als es anfing dunkel zu werden, brach ich das Gefecht ab; auch erhielt ich um diese Zeit die Mittheilung, daß General Emanuel einen Theil des Korps von Marmont sich gegenüber habe.

Meine Feldwachen stehen von Lützschena an der Elster bis Lindenthal, wo ich Verbindung mit den Vorposten des Generals Emanuel halte. Ein

Repli habe ich bei Hähnichen aufgestellt und mit dem Gros der Kavallerie und mit der Artillerie stehe ich bei Schkeuditz.

Alle Nachrichten stimmen darin überein, daß der Kaiser Napoleon in Düben ist. Der König von Neapel soll in Leipzig sein. Ein Mann, der aus der Stadt zurückkehrte, versicherte, daß heute Morgen 13,000 Mann mit 10 Geschützen von Borna her in Leipzig eingerückt seien. Ebenso steht das Korps von Marmont um Leipzig; es ist heute früh von Delitzsch hierhermarschirt. Auch die Truppen, auf welche ich bei Möckern stieß, sollen von diesem Korps gewesen sein; — sie beabsichtigten, in Wahren und Möckern Quartiere zu nehmen, wurden aber durch mein Vorgehen daran gehindert.

Die Nachricht, daß nach einem bei Borna stattgehabten Gefecht Flüchtlinge und Blessirte in Leipzig angekommen seien, bestätigt sich."

General Emanuel war aus der Gegend von Delitzsch gegen das Dorf Widderitzsch, nördlich von Leipzig, vorgegangen und stieß hier am späten Nachmittag auf den Feind, der stark genug war, sein weiteres Vordringen zu hemmen. Der General ließ deshalb für die Nacht Vorposten bei Lindenthal und vor Widderitzsch stehen und postirte sich mit dem Gros seiner Kavallerie bei Radefeld. General Rudzewitsch blieb mit einem Theil der Kavallerie südlich von Landsberg bei Reinsdorf und ließ von hier Dessau und Delitzsch beobachten. —

Das Detachement, welches St. Priest von Merseburg aus gegen Leipzig vorgeschickt hatte, erhielt auf dem Marsche dorthin Gegenbefehl und machte deshalb bei Rückmarsdorf Halt.

Am Abend dieses Tages stand die französische Armee, den Befehlen Napoleon's gemäß, an folgenden Punkten: — Reynier bei Roslau, wo er die noch unvollendete Elb-Brücke wieder zerstören ließ, um dann in der Nacht den Rückmarsch nach Wittenberg anzutreten; — Macdonald bei Kemberg; Bertrand im Marsch auf Düben, wo er in der Nacht eintraf; — die Garden und das 1. Kavallerie-Korps mit der Tete bei Crensitz; Ney in Dessau; — Marmont bei Taucha und Leipzig; — Arrighi in Leipzig; — Augereau zwischen Connewitz und Vorwerk Thonberg, südlich von Leipzig; — Murat mit dem 2., 5. und 8. Korps noch weiter südlich von Leipzig mit dem rechten Flügel bei Crostewitz an der Pleiße.

In dem Hauptquartier Blücher's war es für die Beurtheilung der strategischen Sachlage ein sehr günstiger Umstand, daß man dort den entscheidenden Punkt: Vereinigung mit der großen Böhmischen Armee, nie aus dem Auge verlor und sich darin durch Demonstrationen Napoleon's auch nicht beirren ließ. Wäre es dem französischen Kaiser gelungen, die Schlesische Armee in Verbindung mit der Nordarmee zu einem Rückzuge von dem linken auf das rechte Elbufer zu verleiten, so würde Napoleon nach einer Schlacht oder ohne dieselbe doch wieder nach Leipzig zurückgekehrt sein, um hier die Böh=

mische Armee — wenn möglich — niederzuwerfen. Anders aber urtheilte der Kronprinz von Schweden über die augenblickliche Situation. Wir haben ihn in Rothenburg verlassen, wohin ihm die Nachricht von der — jetzt schon unterbrochenen — Bewegung Napoleon's auf Wittenberg zukam; — sie erfüllte ihn mit der äußersten Besorgniß. Seine Gedanken schweiften sogar bis zu der Möglichkeit, von Stralsund abgeschnitten zu werden. Noch an demselben Tage (dem 13.) schrieb er deshalb an Blücher, „daß ihn diese ungewöhnliche Bewegung veranlasse, bei Aken auf das rechte Elbufer zurückzukehren, weil die Brücke bei Roslau vom General Tauentzien bereits verbrannt sei. Er habe zur Ausführung dieses Marsches keinen Augenblick zu verlieren, wenn er ohne Unfall hinüberkommen wolle. Blücher möge ihm ungesäumt folgen und nur die Arrieregarde des Kaisers durch Kavallerie verfolgen lassen. Sein Hauptquartier wolle er noch heute in Cöthen nehmen."

Mit großer Geschicklichkeit in der Form lehnte Blücher dieses Ansinnen ab und schreckte den Kronprinzen sehr wirksam durch die Hinweisung, was dann die isolirte Nordarmee, gedrängt vom Feinde, auf dem rechten Elbufer zwischen Magdeburg und der Havel unternehmen wolle? Er erklärte dem Prinzen gleichzeitig, daß nach dem Abmarsch der Nordarmee für die Schlesische Armee nur um so mehr die Nothwendigkeit bestände, sich mit der Hauptarmee zu vereinigen. Blücher's Gedanken waren auf eine Hauptschlacht der verbündeten Mächte bei Leipzig gerichtet, sei es gegen einen Theil oder gegen die ganze französische Armee. Die Nachricht, daß von der Hauptarmee die Tete des 3. österreichischen Armeecorps von Zeitz aus Pegau besetzt habe, und leichte Truppen bis Lützen vorgehen sollten, konnte die entwickelten Ansichten im Hauptquartier der Schlesischen Armee nur befestigen.

Der Kronprinz von Schweden schien nun der Energie Blücher's nachgeben zu wollen. Zwar bestand er darauf, daß General Rauch, dessen Ponton- und Artillerie-Train er auf dem Marsch nach der Saale bei Cöthen anhielt, eine zweite Brücke bei Aken schlagen solle; auch vereinigte er seine Armee um Cöthen; doch zögerte er mit dem vollständigen Abmarsch, zunächst wohl in der richtigen Erwägung, daß er allein auf dem rechten Elbufer nicht operiren könne. Der Entschluß, sich mit Blücher bei Halle zu vereinigen, kam aber bei ihm erst zur Erwägung, noch nicht zur vollständigen Reife.

Am 14. Oktober sehen wir Napoleon mit der raschen Konzentration seiner Streitkräfte in der Umgegend von Leipzig beschäftigt. Er selbst begab sich von Düben dorthin und nahm sein Hauptquartier in Reudnitz, auf dem linken Ufer der Parthe, da er schon für den folgenden Tag (den 15.) erwartete, von der Schlesischen und der Böhmischen Armee angegriffen zu werden. Bis zum Abend und in die Nacht hinein waren, zum Theil durch sehr angestrengte Märsche, folgende Punkte erreicht worden: Marmont nordwestlich von Leipzig, Straße nach Halle, Lindenthal, rechter Flügel an Breitenfeld, linker Flügel an der Elster bei Wahren; — 2. Kavallerie-Korps nördlich von Leipzig, Podelwitz; — die Garden und das 1. Kavallerie-Korps Reudnitz und Schönfeld, diesseits der Parthe, an der Nordost-Seite von Leipzig; — Murat hielt noch in der Linie Markkleeberg, Wachau und Liebertwolkwitz, südlich von Leipzig. Dagegen gelangten nur echelonnirt, auf der Straße von Leipzig über Düben nach Kemberg, das 4. Korps bis Pröttitz, das 11. Korps bis Lindenhayn, das 3. Korps bis Düben, das 7. Korps und die Division Dombrowski über Wittenberg bis Kemberg.

Die Bewegung so zahlreicher Truppen nach Leipzig konnte den Vortruppen Blücher's nicht unbekannt bleiben. Schon am frühen Morgen des 14. Oktobers meldete General Rudzewitsch, daß seit gestern lange Marschkolonnen auf der Straße von Düben nach Leipzig gesehen würden; es schiene, daß der Feind seine ganze Stärke um Leipzig konzentriren wolle.

Auch Katzeler berichtete:

„Schkeuditz, den 14. Oktober 1813, 8½ Uhr Morgens.

Der Major Schenk, welcher die äußersten Vorposten hat, meldet mir, daß diese Nacht bedeutende feindliche Infanterie- und Kavallerie-Abtheilungen von Düben nach Leipzig marschirt sind, — daß einige Abtheilungen feindlicher Truppen bei Rothen-Hahn stehen, — und daß große bedeutende Wachtfeuer diese Nacht auf den Höhen hinter Leipzig zu sehen gewesen sind. Uebrigens ist der Feind bis jetzt ganz ruhig."

Ferner später:

„Auf den Höhen von Schkeuditz, den 14. Oktober 1813, 1½ Uhr Nachmittags.

Der Feind dringt aus Leipzig stark vor und hat meine Vorposten zurückgeworfen. Er setzt mit einer Kolonne seinen Marsch auf Düben und mit der anderen auf Delitzsch fort. Letztere scheint nur eine starke Seitenpatrouille zu sein. Beide Kolonnen bestehen aus Kavallerie und Infanterie; die Stärke läßt sich noch nicht übersehen. Etwas Kavallerie kommt auf der Straße nach Halle hierher vor.

Leute, die sehr gute Augen haben, wollen zwei Meilen rechts hinter Leipzig einen starken Kanonen-Rauch aufsteigen sehen. Da der Wind entgegen ist, so ist der Schall nicht zu hören."

Endlich am Abend:

„Schkeuditz, den 14. Oktober 1813, 7 Uhr Abends.

Seit heute Morgen 11 Uhr habe ich mit dem Feinde scharmuzirt. Es defilirten etwa 15- bis 20,000 Mann aus Leipzig (Marmont), die sich bei Lindenthal entwickelten. Die Infanterie blieb in jener Stellung stehen, allein die Kavallerie mit einiger Artillerie drang gegen den General Emanuel und gegen mich vor.

Anfänglich blieb es beim Flankiren; als aber die feindliche Kavallerie zu dreist wurde, formirte ich von den dritten Zügen des Brandenburgischen Ulanen= und Brandenburgischen Husaren=Regiments eine Attacke, die völlig glückte. Das Soutien der feindlichen Flankeurs wurde zuerst geworfen und stürzte sich auf zwei hinter demselben stehende Eskadrons; auch diese machten Kehrt, und nun ging die Attacke bis nahe an die feindlichen Regimenter. Zwei Chasseur=Offiziere und mehrere Gemeine sind heruntergestochen.

Seit einer Stunde unternimmt der Feind weiter nichts und steht auf den Höhen zwischen Lindenthal und Hähnichen; aber auch gegen den General Emanuel auf der großen Straße von Leipzig nach Landsberg steht eine bedeutende feindliche Kavallerie.

Es ist dunkel, und ich habe meine Vorposten ausgesetzt, den rechten Flügel an Hähnichen gelehnt. In diesem Augenblick aber wird mir gemeldet, daß der Feind anfängt, sich nach Leipzig zurückzuziehen; — nur rechts der Straße von Leipzig nach Landsberg ist er bis Freyroda vorgedrungen. Meine Vorposten werden ihn im Auge behalten.

Wir haben heute den ganzen Tag über von den Höhen ein lebhaftes Kanonenfeuer in der Direktion auf Altenburg gehört und gesehen. Es muß also dort ein Gefecht zwischen unserer großen Armee und dem Feinde gewesen sein. Dem Rauch nach, schien es sich zuletzt vortheilhaft für uns zu wenden.

Mein heutiger Verlust beim Flankiren beträgt nur zwei blessirte Ulanen."

Auch Fürst Schwarzenberg trat heute mit Blücher in direkte Verbindung, und zwar durch Mittheilung seiner Disposition zum 14. für die Böhmische Hauptarmee. Nach derselben beabsichtigte der Fürst eine Verbindung mit der Schlesischen und Nordarmee über Weißenfels nach Merseburg, um auch von der Westseite her Napoleon bei Leipzig einzuengen, während eine starke Rekognoszirung von Süden her auf dem rechten Ufer der Elster die dort vorgeschobenen französischen Truppen zurückwerfen sollte. Diese Rekognoszirung, dem Grafen Wittgenstein übertragen, führte zu dem großen Kavallerie=Gefecht bei Liebertwolkwitz, eine Meile südlich Leipzig, wodurch man die Stärke Murat's auf ca. 70,000 Mann schätzen konnte. Indessen standen die einzelnen Korps der Böhmischen Armee doch noch weiter zurück, ungefähr in der Linie Rochlitz, Borna, Pegau und Weißenfels, die Reserven in Altenburg zurückgehalten, und nur die Vortruppen in die Linie Köhra, Zwenkau und Lützen vorgeschoben.

Die gemeinschaftliche Wirkung der Hauptarmee mit der Schlesischen Armee war dadurch in möglichster Nähe angebahnt und Blücher's Erwartung erfüllt. Es kam nur noch darauf an, durch Mittheilung dieser günstigen Situation den Entschluß Bernadotte's, nach Halle zu marschiren, zur Reife zu bringen. Dies gelang, wenn auch nach wiederholten Schwankungen des Prinzen, da er, wo es auch nur immer sei, das unmittelbare Zusammentreffen mit Napoleon grundsätzlich, im Interesse seiner Person und seiner Armee, vermeiden wollte. Doch sagte er von Cöthen aus den Marsch mit der Nord= armee bis in die Umgegend von Halle in einem Antwortschreiben von 7 Uhr Abends bestimmt zu, wenngleich er dieses Versprechen nur unvollkommen zu erfüllen gedachte; — einen Theil seiner Kavallerie werde er zwischen Saale und Mulde vorgehen lassen.

Der 15. Oktober nahm die Vorbereitung für die Schlacht des folgenden Tages in Anspruch, und zwar in der Art, daß Fürst Schwarzenberg die zurückstehenden Korps näher an Leipzig heranzog, so daß die dort sich sam= melnde französische Armee am 16. Oktober gleichzeitig von Norden, Westen und Süden her angegriffen werden sollte. Die thätigste Mitwirkung der Schlesischen Armee war selbstverständlich; aber freilich unabhängig von einer Spezial=Disposition Schwarzenberg's, da zum 16. Oktober für Blücher's Eingreifen nur die Bewegungen Napoleon's maßgebend sein konnten. Noch trennte Parthe und Elster die Schlesische Armee von der Böhmischen; — es lag daher in der Hand des französischen Kaisers, sich nördlich von Leipzig in die linke Flanke und den Rücken Blücher's mit Ueberlegenheit zu werfen, und wenn dies geschah, so war auf eine Unterstützung, selbst durch die nahe zur Hand befindliche Nordarmee, nicht zu rechnen. Bei aller Kühnheit mußte unter solchen Umständen mit großer Einsicht, aber auch mit voller Selbst= ständigkeit verfahren werden.

Schwarzenberg befahl für den 15. Oktober die Aufstellung der Haupt= armee von Lützen über Pegau und Espenhayn bis nach Pomsen, Vortruppen in Markranstädt und Zwenkau.

Blücher gab für diesen Tag folgende Disposition.

„Den 15. Oktober marschirt um 11 Uhr Mittags:

Das Korps von York über Bruckdorf und Gr. Kugel nach Schkeu= ditz und schiebt seine Avantgarde gegen Leipzig vor.

Das Korps Graf v. Langeron (exkl. des Generals Grafen St. Priest) über Reideburg, Kockwitz, Werlitzsch bis Cursdorf in die Höhe von Schkeu= ditz und schiebt seine Avantgarde gegen Lindenthal vor.

Das Korps von Sacken marschirt über Halle nach Gr. Kugel und stellt sich dort als Reserve auf.

Das Hauptquartier ist Gr. Kugel. Der General Graf St. Priest marschirt bis Günthersdorf und poussirt seine Avantgarde bis Rückmars= do.f.

Fürst Moritz Liechtenstein, General Thielmann und Oberst Menns= dorf stehen in Zwenkau, General Graf Giulay in Lützen, seine Avantgarde in Markranstädt.

Den 16. Oktober wird der Feind von allen Seiten bei Leipzig angegriffen, und hat der General Graf St. Priest sich mit dem General Giulay zu konzertiren.

Der General v. Rauch, welcher mit dem bei Wartenburg ausgezogenen Kommando heute bei Halle ankommt, bleibt mit den Pontons und aller überflüssigen Bagage am linken Ufer der Saale bei Halle stehen und läßt noch zwei Brücken über die Saale schlagen.

H.=Q. Halle, den 15. Oktober 1813."

Bevor noch dieser Befehl ausgegeben war, hatte Reyher gemeldet:

"Schkeuditz, den 15. Oktober 1813, Morgens 7 Uhr.

Ein Bürger aus Halle, Namens Millke, der von dem Major v. Oppen nach Leipzig geschickt war, um Nachrichten einzuziehen, kehrt so eben zurück. Er ist in der Nacht unter die feindlichen Truppen gerathen und hat die bei sich geführten Papiere vergraben müssen. Nach seiner Aussage ist Napoleon in Leipzig, die in und bei Leipzig stehenden feindlichen Truppen werden auf 120,000 Mann geschätzt. Der König von Sachsen ist in Leipzig. Der Oberst v. Katzeler revidirt in diesem Augenblick seine Vorposten und hat mir befohlen, Ew. Excellenz diese Nachrichten anzuzeigen. Die Vorposten des Obersten stehen noch so wie gestern Abend. Der Feind hat sich von Freyroda nach Radefeld zurückgezogen. Am Walde bei Lindenthal ist ein feindliches Lager. Der Oberst will sich persönlich von der Stellung des Feindes überzeugen, um demnächst Ew. Excellenz einen vollständigen Rapport machen zu können.

Der p. Millke ist an den kommandirenden General en chef abgeschickt worden.
Reyher,
Lieutenant und Adjutant."

In dem von Reyher geführten Tagebuch spricht sich Katzeler über die Ereignisse dieses Tages in folgender Art aus:

"Gegen 10 Uhr Vormittags avancirte der Feind mit starken Kolonnen auf der Straße von Leipzig gegen Schkeuditz. Seine Kavallerie drang mit einigen reitenden Geschützen vor. Es kam zu einem Gefecht, in dem es jedoch beim Flankiren blieb. Der Feind war überlegen, und ich war schon im Begriff, mit dem Gros der Kavallerie bis Gr. Kugel zurückzugehen, als mir die Disposition mitgetheilt wurde, nach welcher die Armee bis Schkeuditz und die Avantgarde ungesäumt gegen Leipzig vorrücken sollte. Ich traf hiernach sogleich meine Anordnungen. Der Major Hiller kam um 4 Uhr Nachmittags mit der Infanterie der Avantgarde in Schkeuditz an; — ich gab ihm den Befehl, längs der Elster gegen Hähnichen vorzugehen, während ich selbst mit der Kavallerie an der großen Straße nach Leipzig wieder vorging. Es gelang mir, die feindliche Kavallerie in die

Flanke zu nehmen; sie hielt jedoch nicht Stand, sondern wich hinter ihre Infanterie nach Hähnichen zu aus. Da indessen die Infanterie des Majors v. Hiller nicht so schnell folgen konnte, so wurde es dunkel, bevor die Tete derselben, Major v. Klüx, mit drei Jäger-Kompagnien und zwei Bataillonen über Papitz und Modelwitz vor Hähnichen eintreffen konnte. Der Feind schien bereits abgezogen zu sein. Das Dorf wurde abpatrouillirt, als die Tirailleurs von einem Damme aus, hinter welchem der Feind noch stand, plötzlich eine Salve erhielten. Major v. Klüx ließ sogleich das Bajonnet fällen und trieb ihn über Lützschena nach Stahmeln zurück." —

Die Meldung Katzeler's aus dem Bivouak bei Hähnichen um 8 Uhr Abends lautete:

„Der Feind ist aus Hähnichen hinaus auf der Straße gegen Leipzig zurückgeworfen. Bei meinem Vorgehen hat sich die feindliche Kavallerie hinter ihre Infanterie zurückgezogen. Die Dunkelheit hinderte die Fortsetzung des Gefechtes von Hähnichen aus. Doch hörte man das Abfahren der feindlichen Geschütze im vollen Trabe nach Leipzig zu. Meine Infanterie und Kavallerie bivouakirt bei Hähnichen. Vor mir habe ich ein Defilee, an dem meine Vorposten-Chaine gezogen ist. General Emanuel ist noch nicht mit mir in gleicher Höhe. Ich werde daher meine linke Flanke durch Feldwachen und Patrouillen sichern."

Unterdessen hatten die Korps den befohlenen Marsch ausgeführt. York erreichte Schkeuditz und bivouakirte hier zu beiden Seiten der Straße nach Leipzig. Langeron's Korps blieb bei Werlitzsch, seine Avantgarde (Rudzewitsch) bei Cursdorf, deren Kavallerie (Emanuel) bei Freyroda. Sacken traf erst um Mitternacht zwischen Gröbern und Gr. Kugel ein. St. Priest kam bis Günthersdorf. Er sollte hier die Nachricht verbreiten, daß die ganze Schlesische Armee im Marsch auf Lindenau sei. Dem General Rauch war es doch noch gelungen, am 14. Oktober von Cöthen bis Baasdorf zu marschiren, von wo er am 15. in Halle anlangte, und diese Stadt mit seinem Detachement besetzte.

Auch der Kronprinz von Schweden befand sich in der That am 15. mit der Nordarmee im Marsch von Cöthen auf Halle. Da ihm aber an diesem Tage die Disposition Schwarzenberg's zur Schlacht der verbündeten Armeen bei Leipzig für den 16. zuging, so beschloß er, sich in die Unmöglichkeit zu versetzen, an derselben Theil zu nehmen. Er hielt deshalb seine drei Korps 1¾ Meile nördlich von Halle am Petersberge an, Bülow in der Mitte, die Russen links bei Oppin, die Schweden rechts nach Wettin zu. In dieser Entfernung, über 6 Meilen von Leipzig, konnte der Prinz den Ausgang des großen Kampfes der Verbündeten mit Napoleon's vereinigten Kräften ungefährdet abwarten.

Dem Angriff durch die Schlesische Armee sollte eine große Rekognoszirung mittelst der Reserve-Kavallerie vorausgehen, zu welcher Blücher noch am Abend des 15. Oktober gegen 9 Uhr folgende Disposition für den 16. ausgab:

„Den 16. Oktober früh um 6 Uhr marschirt die Reserve-Kavallerie aller drei Korps nebst der reitenden Artillerie derselben ab, nämlich:

Die Reserve-Kavallerie des Korps von York auf der großen Straße nach Leipzig. Sobald sie an die Kavallerie der Avantgarde kommt, setzt sich diese an die Spitze und rückt nach Leipzig vor.

Die Reserve-Kavallerie des Korps vom Grafen Langeron marschirt über Radefeld und Lindenthal. Die Kavallerie der Avantgarde setzt sich ebenso an die Spitze.

Doch müssen schon vor dem Abmarsch dieser Kavallerie Rapporte eingegangen sein, wo der Feind gegen Düben zu steht, ob er Delitzsch besetzt hat.

Die Kavallerie der Avantgarde und der Reserve nebst der reitenden Artillerie des Korps von Sacken folgen der Kavallerie des Korps von York über Schkeuditz gegen Leipzig. Ich werde an der Tete dieser Kavallerie sein.

Sollte der Feind nicht diesseits der Parthe in Position sein, so marschirt die Reserve-Kavallerie des Korps von York zwischen Möckern und Gohlis auf; die Reserve-Kavallerie vom Korps Graf Langeron diesseits Widderitzsch, und die Kavallerie der Avantgarde geht vor, um den Feind aufzusuchen und mir seine Stellung hinter der Parthe oder auf dem Wege nach Düben anzuzeigen. — Die sämmtliche Infanterie kocht morgen früh ab, so daß sie um 10 Uhr abmarschiren kann. Von jedem Korps wird mich ein Ordonnanz-Offizier begleiten, der die Ordres an seinen Korps-Kommandanten zu bringen hat."

Von der französischen Armee standen an diesem Abend Marmont (6. Korps) noch bei Lindenthal und Radefeld; — Bertrand (4. Korps) bei Widderitzsch und Eutritzsch; — das 2. Kavallerie-Korps noch bei Podelwitz; — Souham (3. Korps) bei Mockau an der Parthe; ein Theil dieses Korps war aber noch in der Gegend von Düben zurück; — das 1. Kavallerie-Korps bei Schönfeld an der Parthe; — Reynier mit dem 7. Korps und der Division Dombrowski bei Düben, auf beiden Seiten der Mulde. Eilenburg und Wurzen blieben gleichfalls besetzt, so daß Napoleon durch drei Mulde-Uebergänge die Straßen nach Wittenberg, Torgau und Dresden vorläufig noch in seiner Gewalt behielt.

Der Böhmischen Armee gegenüber hat Murat das 8., 2. und 5. Korps nebst dem 4. Kavallerie-Korps, in der Linie Markkleeberg, Wachau, Liebertwolkwitz, — hinter sich Augereau und das 5. Kavallerie-Korps bei Zuckelhausen und Holzhausen. Zur Reserve steht Macdonald mit dem 11. Korps bei Taucha, die Garden bei Reudnitz.

Um dieselbe Zeit (den 15. Abends) finden wir von der Böhmischen Hauptarmee auf dem linken Ufer der Elster den Grafen Gyulai mit der 3. österreichischen Armee-Abtheilung bei Lützen, Avantgarde nebst leichten Truppen bei Markranstädt, hinter sich Kösen und Weißenfels besetzt; — zwischen Elster und Pleiße den Grafen Merveldt mit der 2. österreichischen Abtheilung, den Erbprinzen von Hessen-Homburg mit dem österreichischen Reserve-Korps und die russisch-preußischen Reserven zwischen Groitsch und Audigast, leichte Truppen vorgeschoben bis Gautzsch; — auf dem rechten Ufer der Pleiße den Grafen Wittgenstein mit dem russischen Korps, den General Kleist mit dem preußischen Korps, den Grafen Klenau mit der 4. österreichischen Armee-Abtheilung in der Linie von Groebern, Gossa und Thräna, hinter derselben bei Magdeborn das russische Grenadier-Korps und die 3. Küraffier-Division. General Bennigsen mit der polnischen Armee hatte erst Waldheim erreicht; — Graf Colloredo mit der 1. österreichischen Armee-Abtheilung Penig; — Graf Bubna mit der österreichischen 2. leichten Division Nossen.

Nach der Disposition des Fürsten Schwarzenberg zum 16. Oktober sollten die Truppen auf dem linken Elsterufer über Lindenau zum Angriff auf Leipzig vorrücken; die zwischen Elster und Pleiße über Zwenkau auf Connewitz; die auf dem rechten Ufer der Pleiße in der Richtung auf Wachau, wobei die russisch-preußischen Reserven aus der Gegend von Groitsch über Rötha die Reserve des linken Flügels und das russische Grenadier-Korps nebst der 3. russischen Küraffier-Division von Magdeborn her die Reserve des rechten Flügels bilden sollte. Die Angriffszeit war an dieser Stelle, dem Feinde zunächst, auf 7 Uhr Morgens festgesetzt. Colloredo wurde nach Borna dirigirt, Bennigsen nach Colditz; dagegen die österreichische Geschütz-Reserve bei Pegau zurückgehalten.

Die isolirte Lage der Schlesischen Armee, herbeigeführt durch das Zurückbleiben der Nordarmee, veranlaßte Blücher dem Grafen St. Priest den Befehl zu senden, zum 16. Oktober sich von Günthersdorf her über die Elster bei Schkeuditz mit dem Korps des Grafen Langeron wieder zu vereinigen.

Die Schlesische Armee greift die französische Armee im Norden der Stadt Leipzig an. Schlacht bei Möckern am 16. Oktober 1813.

Am 16. Oktober führte Marschall Ney den Oberbefehl über die nördlich der Parthe und Elster befindlichen Armeekorps. Es waren dies das 6. Korps — Marmont — noch bei Lindenthal; das 4. Korps — Bertrand —

bei Eutritzsch ꝛc.; das 3. Korps — Souham — mit zwei Infanterie-Divisionen und mit einer Kavallerie-Division des 3. Kavallerie-Korps bei Mockau. Abmarschirt waren bereits das 2. Kavallerie-Korps nach Holzhausen und das 11. Korps — Macdonald — nach Seyffertshayn, beide Orte südöstlich von Leipzig. Dagegen standen nördlich der Parthe von Düben her noch zu erwarten die Division Dombrowski und die Division Fournier des 3. Kavallerie-Korps, die schon in der Nacht ihren Marsch nach Leipzig angetreten hatten; — ferner die Division Delmas des 3. Korps (ca. 4000 Mann), welche den Train des Korps nachführte, und endlich das 7. Korps — Reynier, — das aber erst um Mittag Düben verließ und über Eilenburg spät Abends Leipzig erreichte. Alle diese Korps blieben jedoch im Laufe des 16. Oktobers nicht nördlich der Parthe stehen. Napoleon hatte seine Gedanken auf eine Hauptschlacht südlich von Leipzig gerichtet und wünschte sie mit möglichst vereinigten Streitkräften durchzuführen, um so mehr, da er mit Bestimmtheit voraussetzte, daß die ganze Schlesische Armee, dem Vormarsch des Grafen St. Priest über Merseburg folgend, auf das südliche Ufer der Elster übergegangen sei. Die Meldungen Marmont's sprachen nur von einer Avantgarde der Schlesischen Armee nördlich der Elster, nicht von dem Gros derselben, welches er in der That auch noch nicht gesehen hatte. Von diesem Gesichtspunkte aus, beabsichtigte Napoleon am Vormittag des 16. Oktober das 6. Korps — Marmont — aus der Position von Lindenthal abzuberufen und als eine Haupt-Reserve südlich von Leipzig zwischen dieser Stadt und Liebertwolkwitz aufzustellen. An die Stelle des 6. Korps sollte das 3. Korps treten, zwei Divisionen, mit der Spezialbestimmung, durch die Kavallerie Rekognoszirungen nach Halle ausführen zu lassen. Das 4. Korps sollte vorläufig bei Eutritzsch stehen bleiben. In diesem Sinne wurden die Befehle früh Morgens von Reudnitz aus an den Marschall Ney von ihm erlassen. Napoleon hielt es selbst für möglich, alle Truppen nördlich der Parthe auf das Schlachtfeld südlich von Leipzig ziehen zu können, und sollte Ney zur etwanigen schnellen Ausführung eines solchen Befehls die Brücken über die Parthe genau rekognosziren lassen. Ney theilte vollständig die Anschauungen des Kaisers und beabsichtigte nur, die Rekognoszirungen durch die Kavallerie auch nach Delitzsch und Zörbig hin ausführen zu lassen, wahrscheinlich um über das Verbleiben der Nordarmee nähere Kenntniß zu erlangen.

Indessen die thatsächliche Entwickelung der Verhältnisse führte zu wesentlich veränderten Bestimmungen über die genannten Truppenkorps.

Ney erfuhr in Eutritzsch den Anmarsch der österreichischen Kolonne unter Gyulai auf Lindenau, und da sich dort unter dem Herzog von Padua (Arrighi) nur vier Bataillone befanden, so sandte er das 4. Korps — Bertrand — von Eutritzsch durch Leipzig dorthin, um das Defilee daselbst zu sichern und Leipzig durch eine verstärkte Besatzung zu halten. Vormittags $10^{1}/_{2}$ Uhr meldete er diese Anordnung dem Kaiser und hielt es jetzt noch für ausführbar, daß das 6. Korps nach Liebertwolkwitz abmarschiren und das 3. Korps an seine Stelle treten könne. Allein dieser Wechsel war nicht mehr möglich, und zwar, weil die Schlesische Armee den bereits im Abmarsch befindlichen Marschall Marmont angriff und weil das 3. Korps von Mockau her erst um die Mittagsstunde bei Leipzig eintraf. Napoleon wurde dadurch gezwungen, das 3. Korps in Stelle des 6. als Reserve südlich von Leipzig im Laufe des Nachmittags zu verwenden und das 6. Korps seiner eigenen taktischen Kraft zu überlassen.

Wenden wir uns nun zu dem Anmarsch der Schlesischen Armee.

Wir erinnern uns, daß Blücher zum 16. Oktober früh Morgens eine große Rekognoszirung, auszuführen durch die Reserve-Kavallerie, befohlen hatte. Um 6 Uhr setzte sich demgemäß die Kavallerie der drei Korps aus ihren Bivouaks in Bewegung, und zwar die York's unter Oberst Jürgaß durch Schkeuditz nach Hähnichen, die Langeron's unter General Korff über Cursdorf nach Freyroda, und die Sacken's folgte über Schkeuditz. Da indessen die Spitzen schon bei Stahmeln und Freyroda auf den Feind stießen, der — ohne seine Stärke übersehen zu lassen — doch die Linie von Wahren bis Radefeld besetzt hielt, so gewann man die Ueberzeugung, daß ein weiteres Vorgehen nur durch Kampf möglich sei.

Blücher traf bei Lützschena um 8 Uhr Morgens ein und gewann daselbst bei einer Uebersicht über das vorliegende Terrain die gleiche Ansicht. Für einen Kampf mußte aber die Infanterie herangezogen werden. Blücher befahl deshalb gegen 9 Uhr, als bereits das Geschützfeuer auf dem Schlachtfelde südlich von Leipzig hörbar wurde:

„Die Infanterie setzt sich sogleich in Marsch. Das Korps von Langeron greift Freyroda an, dann Radefeld. Das Korps von Sacken folgt diesem Angriff in Reserve. Das Korps von York marschirt gegen Leipzig, wendet sich bei Lützschena links zum Angriff auf Lindenthal. Die Infanterie der Avantgarde von York bleibt auf der Straße nach Leipzig. Wenn General Graf St. Priest ankommt, folgt er dem Korps von Langeron. General v. Blücher bleibt auf der Höhe zwischen Lützschena und Radefeld."

Man sieht aus dieser Disposition zum Anmarsch der Infanterie, daß die Hauptkräfte des Feindes zwischen Lindenthal und Radefeld vorausgesetzt wurden, und zwar in der Annahme, daß sich derselbe entweder, wenn geschlagen, über Hohenossig nach Düben zurückziehen werde, oder daß von Düben her, welches man noch besetzt wußte, eine namhafte Verstärkung des Feindes über Hohenossig zu erwarten sei. Die Disposition faßte also mit dem Angriff auch die Sicherung der eigenen linken Flanke ins Auge, und zwar um so nothwendiger, da auf die Theilnahme des Kronprinzen von Schweden an der

Schlacht oder auf seine Marschbewegung zur Sicherung der linken Flanke bis in die Höhe des Schlachtfeldes nicht zu rechnen war. Die Disposition bezweckte auf diese Weise eine gewaltsame Rekognoszirung, deren Resultate die weiteren Befehle zur Schlacht bedingen sollten. In die Hände der kommandirenden Generale kam dieser Befehl erst nach 10 Uhr Vormittags. Die Truppen brachen sofort aus den Bivouaks auf. York hatte befohlen:

„Das Korps marschirt links ab. Sobald es auf den Punkt kommt, wo aus der großen Straße links herausgebogen wird, nimmt die 8. Brigade den rechten Flügel vor und formirt sich zur Attacke auf Lindenthal. General v. Hünerbein dirigirt nach Umständen seine Attacke, und wenn es das Terrain nicht anders nothwendig macht, so geschieht der erste Angriff auf Lindenthal mit drei Bataillonen, und zwar vorzüglich auf die Flanken des Dorfes; zwei Bataillone der Brigade dienen diesem Angriff zum Soutien. Die 7. Brigade macht dieselbe Bewegung der 8. und folgt der Attacke des Generals Hünerbein en échelon. Die 1. Brigade formirt sich rückwärts dieser beiden Attacken und dient zur Unterstützung da, wo es die Umstände erfordern. Die 2. Brigade, da sie fast aus lauter Linientruppen besteht, bildet die letzte Reserve. Alles formirt sich in Bataillons-Kolonnen und setzt sich en échiquier, so daß die Brigaden zwei Linien formiren."

Allein auch auf preußischer Seite führte das wirkliche Zusammentreffen mit dem Feinde zur wesentlichen Direktions-Veränderung.

Marschall Marmont blieb nämlich in der ursprünglichen Position nicht stehen. Er beabsichtigte, den Befehlen Napoleon's gemäß, nach Leipzig abzumarschiren, und hatte sein Armeekorps bereits dorthin antreten lassen, als er zu seinem Erstaunen hinter den bisherigen Vortruppen Massen erscheinen sah, die ihm die Anwesenheit der Schlesischen Armee nördlich der Elster unzweifelhaft machten. Wieder Front zu machen und bei Lindenthal stehen zu bleiben, wagte er nicht, wegen unzureichender Streitkräfte bei einer ausgedehnten Position. Er beschloß deshalb zunächst, seine Truppen in einen engeren Terrainabschnitt zurückzuführen, den er zwischen der Elster und dem Rietschke-Bach zu finden glaubte, und zwar der Art, daß sein linker Flügel sich an das Dorf Möckern lehnte, der rechte Flügel das Dorf Widderitzsch vor der Front hatte und weiter zurück Gohlis und Eutritzsch Position für die Reserve boten. Diese Reserve sollten die zwei Divisionen des 3. Korps sein, welche ihm Ney wiederholt und bestimmt als Unterstützung zusagte, ohne jedoch diese Zusage in Folge der allgemeinen Sachlage halten zu können. Dagegen erhielt Marmont eine Unterstützung in der Division Dombrowski und der Kavallerie-Division Fournier des 3. Kavallerie-Korps, welche beide noch rechtzeitig von Düben her in Widderitzsch zur Besetzung dieses Dorfes eintrafen. In der auf diese Art verkürzten Auffstellung zwischen Elster und Rietschke-Bach

gewann Marmont eine gute Uebersicht des Terrains nach Lützschena, Linden=
thal und Radefeld hin, steigerte die Wirkung seiner Artillerie und konnte seine
Bataillone dem Auge des Angreifers entziehen. Diese Vortheile hat der
Marschall, ungeachtet seiner geringeren Truppenzahl, in einem langen und
blutigen Kampfe auszunutzen gewußt. Unter dem Schutze einer lebhaften
Kanonade führte das 6. Korps seinen Rückzug in die neue Position aus.
Es zählte zur Stelle 19= bis 20,000 Mann, und zwar drei Infanterie=Divi=
sionen: 42 Bataillone oder 16= bis 17,000 Mann, eine Kavallerie=Brigade:
900 Pferde, eine Kavallerie=Division des 3. Kavallerie=Korps: 30 Eskadrons
oder ca. 1500 Pferde, dazu 84 Geschütze. Dombrowski brachte vier Ba=
taillone und zehn Eskadrons mit, oder 2000 Mann Infanterie und 1000
Pferde; Fournier 24 Eskadrons oder 1200 Pferde. Diese Ziffern geben
eine Gesammtsumme von ca. 24,000 Mann. Will man die später von Dü=
ben und Hohenossig her zwischen Podelwitz und Göbschelwitz erscheinenden
4000 Mann der Division Delmas hinzuzählen, so erhält man ein Total von
ca. 28,000 Mann.

Dem gegenüber erscheint die Schlesische Armee in dem Korps York's
mit 20,800 Mann, worunter 3100 Mann Kavallerie und 1600 Mann Ar=
tillerie nebst 104 Geschützen; — Langeron mit höchstens 15,000 Mann, ohne
St. Priest; — Sacken mit gegen 14,000 Mann. Diese Ueberlegenheit kam
aber aus strategischen Gründen nicht zur vollen und rechtzeitigen taktischen
Anwendung; daher die Dauer der Schlacht, welche vorzugsweise von den
preußischen Truppen unter großen Verlusten, aber dafür auch mit selbststän=
diger Entscheidung des Sieges durchgeführt wurde.

Auf dem linken Flügel der Schlesischen Armee hatte das Korps von
Langeron den Feind in Freyroda und Radefeld nicht mehr gefunden, — war
deshalb auf Breitenfeld gefolgt, — und erhielt hier von Blücher den Befehl,
die Position des Feindes in Klein= und Groß-Widderitzsch anzugreifen.

Der rechte Flügel — das Korps von York — war auf Lindenthal
marschirt, fand auch hier den Feind bereits im Abziehen und erhielt deshalb
die Direktion auf Möckern und auf das östlich von diesem Dorfe gelegene
Plateau. Widderitzsch und Möckern liegen aber fast eine halbe Meile von
einander entfernt. Es entstand dadurch zwischen dem preußischen und dem
russischen Korps sehr bald eine große Intervalle, welche durch die Generale
St. Priest und Sacken nicht ausgefüllt werden konnte. Der erstere war noch
nicht zur Stelle; der letztere wurde bei Radefeld als Reserve zurückgehalten,
und zwar, um entweder gegen einen von Hohen = Ossig her in der linken
Flanke der Schlesischen Armee erscheinenden Feind verwendet zu werden, oder
um in die Front zu rücken, sobald es sich herausgestellt haben würde, daß
hinter Hohen = Ossig kein Feind im Anmarsch sei. Der Versuch, jene große
Intervalle durch Kavallerie ausfüllen zu lassen, scheiterte einerseits an Miß=
verständnissen, andererseits würde sie, soweit sie zur Stelle war, für diesen

Zweck auch nicht ausgereicht haben. Es entwickelten sich also von Hause aus, durch die Terrainverhältnisse bedingt, zwei isolirte Gefechte, welche den Vortheil gemeinschaftlicher und deshalb rascher Wirkung verloren.

Das Korps von Langeron nahm die Dörfer Klein- und Groß-Widderitzsch, verlor sie wieder und fühlte sich dann am Nachmittag durch das Erscheinen der Division Delmas' zwischen Podelwitz und Göbschelwitz in der Konzentrirung seiner Gefechtskraft auf Widderitzsch gehemmt. Die Verlängerung der russischen Front nach Podelwitz zu, nahm der Art Zeit und Kräfte in Anspruch, daß erst mit dem Ausbiegen der Division Delmas nach der Parthe hin die Entscheidung bei Widderitzsch gegeben wurde, nachdem York die bei Möckern schon vorher siegreich herbeigeführt hatte.

Als das preußische Armeekorps sich zwischen 1 und 2 Uhr Nachmittags von Lindenthal auf Möckern wandte, befanden sich die Avantgarde, die 7. und 8. Brigade im ersten Treffen, die 1. und 2. Brigade im zweiten Treffen. Durch die Veränderung der Front, vorher gegen Lindenthal und jetzt durch eine Rechtsschwenkung gegen Möckern, mit beständiger Sorge für die Sicherheit der linken Flanke, entstand vom rechten Flügel her ein Angriff en échelons, den die Avantgarde, bereits auf dem kürzesten Wege befindlich, eröffnete.

Ein Blick auf das Schlachtfeld zeigt die für die Vertheidigung sehr günstige Lage des Dorfes Möckern. An der Westseite durch die Elster von der linken Flußseite her sturmfrei, wird die Ostseite von den rückwärts gelegenen Höhen durch Artillerie vortrefflich bestrichen, während die schmale Front des Dorfes eine nachhaltige Vertheidigung durch Verstärkung der Kräfte aus der Tiefe her gestattet. Marmont hatte nur nöthig, seine Artillerie und seine Infanterie nach Möckern hin zusammenzuschieben, um auf möglich kleinstem Raume seine Kräfte mit der ganzen Zähigkeit örtlicher und gedeckter Vertheidigung successive einzusetzen. Der Kampf bei Widderitzsch war auf diese Konzentration seiner Truppen nach dem linken Flügel hin ohne Einfluß, weil Widderitzsch eine Viertelmeile vor seinem rechten Flügel lag, und das Gefecht daselbst viel zu langsam verlief, um Marmont bei Möckern stören zu können.

Als die Avantgarde unter Katzeler, der Vortrab der Infanterie unter Major v. Klüx, das Gros derselben unter Major v. Hiller, von Lützschena her antrat, wich der Feind aus Stahmeln und Wahren und zog sich ohne Widerstand nach Möckern zurück.

Auf Befehl York's griff die Avantgarde Möckern an, und zwar zunächst mit drei Jäger-Kompagnien und zwei Infanterie-Bataillonen, gefolgt von einem dritten Bataillon, während eine Batterie mit der einen Hälfte Möckern, mit der anderen die feindlichen Geschütze beschoß. Es gelang diesen Truppen zweimal, in das Dorf und bis gegen die Mitte desselben vorzudringen, aber beide Male wurden sie wieder zurückgeworfen. Das Gefecht beschränkte sich nicht auf die Dorfstraßen; es waren vielmehr alle Häuser von den Franzo-

sen besetzt und zur Vertheidigung eingerichtet; darin lag die große Schwierig=
keit, einmal errungene Vortheile auch zu behaupten. Major Hiller führte
nun vier Bataillone zur Unterstützung heran. Zum dritten Mal drang die
Avantgarde in das Dorf ein, welches jetzt in der Mitte in Brand gerieth,
aber es mußte abermals nach heftigem Kampfe aufgegeben werden.

Unterdessen waren auch die 7. und 8. Brigade bis in die Höhe von
Möckern avancirt, ihre Batterien vorgezogen, so daß von beiden Seiten sich
eine wachsende Zahl von Geschützen an dem Kampfe betheiligte. Während
diese Brigaden das Frontalgefecht unterhielten, zog York aus dem zweiten
Treffen die 2. Brigade (Prinz Carl von Mecklenburg) zur Unterstützung
eines vierten Angriffes der Avantgarde auf Möckern vor. Die 2. Brigade
wandte sich längs der Ostseite des Dorfes den Anhöhen zu und erleichterte
dadurch wesentlich das erneuerte Eindringen der Avantgarde in Möckern, die
diesmal sogar den jenseitigen Ausgang erreichte, aber mit schweren Verlusten;
Hiller wurde verwundet, mehrere Bataillons=Kommandeure fielen. Von Neuem
zurückgeworfen, behauptete die Avantgarde doch die Häuser des diesseitigen
Einganges. Auch die 2. Brigade hatte einen schweren Stand; sie mußte
nicht nur das feindliche Kartätschfeuer in der Front, sondern auch das Flan=
kenfeuer von der Ostseite des Dorfes her aushalten. Zwar gelang es ihr,
— die Verwirrung benutzend, welche das Auffliegen einiger französischer
Munitionswagen erzeugte, — feindliche Geschütze zu erobern, die Bedienungs=
Mannschaft gefangen zu nehmen und einige Infanterie=Massen zum Rückzuge
zu zwingen; — allein Marmont führte von rechts her frische Kräfte heran;
— Prinz Carl von Mecklenburg fiel, schwer verwundet; auch Oberst Loben=
thal, der an seine Stelle trat, wurde verwundet; alle Kommandeure waren
todt oder verwundet; die preußischen Bataillone schmolzen furchtbar zusammen:
— so geschah es, daß auch die 2. Brigade wieder bis diesseits Möckern zurück=
weichen mußte.

Völlig intakt war jetzt von der Infanterie nur noch die 1. Brigade des
Oberst v. Steinmetz, — da die 7. und 8. Brigade (Horn und Hünerbein)
gleichfalls durch das feindliche Geschützfeuer sehr gelitten hatten, wenngleich
sie im Avanciren noch nicht mit dem Feinde handgemein geworden waren.
York zögerte nicht, auch die 1. Brigade zur Eroberung des Dorfes Möckern
einzusetzen.

Zwischen 5 und 6 Uhr Nachmittags trat die 1. Brigade ihren Vor=
marsch an. Steinmetz bestimmte zwei Bataillone zur Unterstützung der Trup=
pen, welche sich jetzt bemühten, Haus für Haus in Möckern zu nehmen und
zu besetzen, — wobei auch Klüx schon verwundet worden war, — während
das Gros der Brigade an der Ostseite des Dorfes wieder den Sturm auf
die dortige Anhöhe versuchte. Das feindliche Feuer in Front und Flanke
brachte dieselbe verheerende Wirkung auch gegen die 1. Brigade hervor.
Oberst Steinmetz wurde verwundet, ebenso sein Stellvertreter Oberst Losthin;

mehrere Bataillons-Kommandeure fielen, theils todt, theils verwundet. Eine große Zahl von Offizieren und Mannschaften sah man in rascher Folge außer Gefecht gesetzt. Obschon die Brigade den Sturm auf die Anhöhe fortsetzte, so stand doch zu fürchten, daß auch sie jeden Augenblick einem erneuerten Stoß des Feindes mit frischen Kräften weichen könne, um so mehr, da man sich noch in Möckern mit großer Erbitterung schlug.

Dieser Moment bezeichnet für das preußische Armeekorps die Krisis der Schlacht.

Reyher sprach sich darüber später in folgender Art aus:

„Als im Anfange die Infanterie der Avantgarde aus Möckern herausgeworfen war, betrachtete man es als eine Ehrensache, den erlittenen Unfall wieder gut zu machen und versuchte deshalb auf's Neue, sich des Dorfes zu bemächtigen. Später legte man dem Gefecht an dieser Stelle doch einen größeren taktischen Werth bei. Indem man nämlich erkannte, daß der Feind nicht nur seinen linken Flügel, sondern auch die in Möckern befindlichen Truppen verstärkte, so schloß man daraus, daß es seine Absicht sei, gestützt auf das für ihn vortheilhaft gelegene Dorf, einen entscheidenden Schlag gegen den rechten Flügel des Korps von York auszuführen, ihn von der Chaussee nach Halle abzudrängen und in der Richtung auf Lindenthal und Radefeld über den Haufen zu werfen. In der That schien auch eine solche Voraussetzung um so mehr begründet zu sein, als der Feind von dem Höhenrücken, auf welchem er stand, unsere Bewegungen übersehen und mithin wissen konnte, daß das ganze Korps engagirt und zu seiner Unterstützung keine Reserve zur Stelle war. Ohne Zweifel urtheilte General v. York über die Sachlage in dieser Art, und daraus erklärt sich dann die Beharrlichkeit, mit welcher er dahin trachtete, dem Feinde Möckern zu entreißen, um ihn dadurch an der Ausführung seines Planes zu hindern. Ueberdies gab es für uns auf dem Schlachtfelde keinen Punkt, von welchem aus auch nur flüchtig ein Ueberblick über das Ganze zu gewinnen gewesen wäre. Während also Möckern der Hauptpunkt blieb, um den die Schlacht sich drehte, hatte General v. York nach und nach die gesammte Infanterie und Artillerie ins Gefecht gezogen. Die Kavallerie allein stand noch intakt regimenterweise nahe hinter der Front in den von dem wellenförmigen Terrain gebildeten Vertiefungen, um sich bis zu ihrem Auftreten so viel als möglich dem Feuer des feindlichen Geschützes zu entziehen. Der Kampf wüthete auf der ganzen Linie und steigerte sich von Moment zu Moment, bis seine Heftigkeit in und neben Möckern eine solche Höhe erreichte, daß plötzlich hunderte von Verwundeten aus den Reihen der fechtenden Bataillone zurückkehrten, und so eine Krisis andeuteten, die den nahen Ausgang des blutigen Dramas zu unserem Nachtheil besorgen ließ."

York mußte also in diesem wichtigen Augenblick einen neuen und entscheidenden Entschluß fassen, und er fand ihn in der rechtzeitigen und energischen

Verwendung seiner mit Ungeduld auf ihre Mitwirkung harrenden Kavallerie.

Major v. Sohr I., der mit drei Eskadrons des Brandenburgischen Husaren-Regiments in der Nähe des Generals hielt, erhielt von York persönlich den Befehl, den Feind zu attackiren. Dies war das glückliche Signal zum Vorgehen der gesammten Kavallerie. Sohr ließ Möckern ein paar hundert Schritte rechts, passirte die Bataillons-Intervallen der 1. Brigade und hieb überraschend auf die feindliche Infanterie ein. Den Husaren folgten die übrigen Regimenter der Avantgardn-Kavallerie, ferner links das Brandenburgische Ulanen-Regiment, dann weiterhin die Regimenter der Reserve-Kavallerie unter Oberst v. Jürgaß und die Brigade-Kavallerie. Aber auch die 1., 7. und 8. Brigade blieben im Avanciren und wurden auf der ganzen Front mit dem Feinde handgemein.

Das Brandenburgische Husaren-Regiment vernichtete zwei feindliche Infanterie-Massen und eroberte 15 Geschütze; die Ulanen 13 Geschütze. Reyher machte die Attacke vor der Front der Husaren mit. Er hebt es besonders heraus, daß, soweit sich die Attacke der Reiterei erstreckte, augenblicklich von beiden Seiten das Feuer aufhörte. Katzeler wurde gleich im Vorgehen durch einen Schuß am Kopfe verwundet und mußte den Kampfplatz verlassen. Reyher verlor später durch eine Kartätschkugel sein Pferd, blieb aber selbst unverletzt.

Nicht nur die feindliche Infanterie, auch deren Kavallerie wurde geworfen. Was noch an Infanterie widerstandsfähig war, ballte sich in dicken Klumpen zusammen; — dennoch war der linke Flügel und das Centrum Marmont's nicht mehr gefechtsfähig, um so mehr, da Möckern nun verloren ging und die preußischen Truppen bereits aus dem jenseitigen Ausgange defilirten. Der Marschall suchte nur noch nach Möglichkeit den Rückzug nach Gohlis und Eutritzsch zu decken und verwendete hierzu die Bataillone seines rechten Flügels, welche bis dahin am wenigsten gelitten hatten.

Fast alle preußischen Kavallerie-Regimenter hieben theils Karrees zusammen, theils eroberten sie Geschütze. In seinem Siegeszuge hatte sich York persönlich an die Spitze der Reserve-Kavallerie gestellt.

Die 7. und 8. Brigade schlugen sich vorzugsweise mit dem rechten Flügel des Marschalls Marmont, während die 1. Brigade, die Reste der 2. Brigade und die Avantgarden-Bataillone, ihrer Kavallerie in der Richtung auf Gohlis folgten.

Auch der französische rechte Flügel wurde trotz seiner tapferen Gegenwehr von der 7. und 8. Brigade und deren Kavallerie unter namhaften Verlusten zum Rückzuge nach Eutritzsch gezwungen. Nachdem auch der letzte Widerstand einiger Infanterie-Massen diesseits des Rietzschke-Baches gebrochen worden war, machte die Nacht an den Ufern dieses Baches dem langen und blutigen Kampfe ein Ende. St. Priest wurde zwar von Lindenthal und Sacken von Radefeld her durch Blücher am späten Nachmittag gegen Eutritzsch und Möckern in Bewegung gesetzt aber beide trafen erst nach dem Siege auf dem Schlachtfelde ein.

Die Trümmer des Korps von Marmont bezogen ein Bivouak zwischen Leipzig, Gohlis und Eutritzsch, den Rietschke-Bach vor der Front.

Von dem Korps York's lagerten diesseits des genannten Baches die 7. und 8. Brigade Gohlis gegenüber, die Reserve-Kavallerie bei Möckern. Vorposten standen an dem Bach entlang, und die Elster-Brücken bei Möckern und Wahren wurden besetzt.

Von den russischen Korps bivouakirten Langeron zwischen Widderitzsch und Eutritzsch, — St. Priest links von der 7. und 8. Brigade, — Sacken bei Lindenthal.

Der Verlust des preußischen Armeekorps betrug, einschließlich von 38 Offizieren und 1146 Mann der Avantgarden-Infanterie, im Ganzen 173 Offiziere und 5432 Mann todt und verwundet. Da die Infanterie nach der Schlacht nur noch 11,000 Mann zählte, so mußten die vier Brigaden zu zwei kleinen Divisionen formirt werden, und zwar die 2. und 7. Brigade zur 1. Division unter General v. Horn und die 1. und 8. Brigade zur 2. Division unter General v. Hünerbein. Die Schwäche der Truppentheile nöthigte die meisten Regimenter, aus zwei Bataillonen eins zu bilden. Die Avantgarde wurde aufgelöst, da fast alle ihre bewährten Führer theils todt, theils verwundet waren. Zu den Verwundeten gehörten Katzeler, Hiller, Klüx und Sohr I. Dafür aber hatte das Korps von York dem Feinde einen Adler, zwei Fahnen, 53 Kanonen, eine große Zahl von Munitionswagen und über 2000 Gefangene abgenommen.

Der Kronprinz von Schweden, seinem Plan zur äußersten Vorsicht getreu, näherte sich der Schlesischen Armee am 16. Oktober nur bis Landsberg; — die russische Kavallerie unter General Wintzingerode durfte bis Kölsa vorgehen, über eine Meile nördlich von Schkeuditz und circa zwei Meilen von Möckern.

Uebersicht über die Ereignisse bei der Hauptarmee am 16. Oktober. Schlacht bei Wachau.

In Uebereinstimmung mit seinen, ihm eigenthümlichen strategischen Anschauungen hielt Fürst Schwarzenberg bis in den Vormittag des 16. Oktober hinein die Hoffnung fest, Napoleon werde sich durch die Böhmische Armee aus der Ebene von Leipzig wegmanövriren lassen. Die Bewegung eines großen Theiles der österreichischen und russischen Armee auf Pegau an der

Elster, drei Meilen südwestlich von Leipzig, hatte diesem Gedanken Ausdruck gegeben. Die Disposition zum 16. Oktober setzte demgemäß auch voraus, daß eine Bedrohung der rechten Flanke der französischen Armee aus dem bedeckten, unwegsamen Winkel zwischen Pleiße und Elster über Connewitz in der Richtung auf Leipzig, den Entschluß Napoleons zum Rückzuge zur Reise bringen werde; vielleicht nach der Mulde und Elbe hin, in welchem Fall Leipzig besetzt und die Schlesische und Böhmische Armee die Front nach Eilenburg, Düben und Landsberg nehmen sollten; vielleicht aber auch über Lindenau nach Markranstädt, in welchem Fall die Truppen des Grafen Gyulai dem französischen Kaiser den Weg nach Weißenfels nicht verlegen, sondern durch ein Ausweichen nach Mölsen, westlich von Pegau, freilassen sollten.

Wenn sich Schwarzenberg in Betreff der strategischen Empfindlichkeit Napoleon's irrte, — und das geschah allerdings, — so mußten die wenigen Korps, welche dem Kaiser in der Front, östlich der Pleiße, gegenüberstanden, diesen Irrthum mit ihrem Blute bezahlen, denn ihre Kräfte reichten, isolirt wie sie waren, den französischen Streitkräften gegenüber, allerdings kaum aus, um das Gleichgewicht zu halten, viel weniger, die feindliche Armee niederzuwerfen.

Da am 16. Oktober das Korps von Reynier mit 13,800 Mann noch an der Mulde stand, so hatte Napoleon um Leipzig 176,900 Mann zur Stelle, darunter 33,500 Mann Kavallerie. Rechnet man mit Marmont und Ney 42,000 Mann nördlich von Leipzig ab, so blieben dem Kaiser südlich der Stadt 134,900 Mann zur Verfügung gegen die Böhmische Armee. Von dieser Ziffer befanden sich 15,500 Mann in Leipzig und bei Lindenau, 10,000 Mann bei Connewitz, mithin 109,400 Mann in der Linie Markkleeberg, Wachau, Liebertwolkwitz, Holzhausen.

Schwarzenberg's Disposition dirigirte gegen diese Linie nur 65,000 Mann, — die Korps von Kleist, Wittgenstein und Klenau; — überdies von Crö‑ bern über Gossa und Gr. Pößnau bis gegen Fuchshayn in einer Frontaus‑ dehnung von ca. 1¼ Meile. Kaiser Alexander hatte zwar durch einen Macht‑ spruch dem Fürsten Schwarzenberg die russischen und preußischen Garden, 19,000 Mann, für die Unternehmung auf Connewitz entzogen und sie zur Reserve des Angriffes östlich der Pleiße bestimmt, allein diese Reserve stand am Morgen des 16. Oktober noch bei Rötha, eine Meile südlich von Gossa und 1¼ Meile von Wachau.

Für den strategischen Druck bei Connewitz bestimmte Schwarzenberg das Korps von Merveldt und die österreichischen Reserven unter dem Prinzen von Hessen‑Homburg, zusammen 29,000 Mann. Der Angriff auf Lindenau und von dort auf die Westseite Leipzigs sollte von Gyulai mit ca. 20,000 Mann versucht werden. Obschon diese Gesammtmasse 133,000 Mann beträgt, also der französischen Armee, der Hauptsache nach, gleich stark war, so entsprach die örtliche Vertheilung derselben doch nicht der konzentrirten Stellung Napo‑

leon's; der Erfolg der Schlacht war aus diesem Grunde durch das numerische Verhältniß nicht vorweg sichergestellt.

Es fehlten auf dem Schlachtfelde südlich von Leipzig an diesem Tage die österreichische Division Bubna, die auf Wurzen im Anmarsch war, — das österreichische Korps des Grafen Colloredo, jetzt noch bei Penig, — und die russische Reserve-Armee des Grafen Bennigsen, die sich augenblicklich noch in Waldheim befand; die beiden letzteren also noch ca. sechs Meilen vom Schlachtfelde entfernt. Erst mit dem Eintreffen dieser Truppentheile wuchs der Böhmischen Armee eine Ueberlegenheit von 54,000 Mann zu, welche die aktive Theilnahme des Kronprinzen von Schweden auf 100,000 Mann steigern konnte.

Der Augenschein zeigte dem Kaiser Alexander in der Gegend von Gossa, daß dasjenige, was er am Tage vorher gefürchtet hatte, nun wirklich eintrat, nämlich daß die Korps in der Front östlich der Pleiße zu einem erfolgreichen Angriff auf die Stellung Napoleon's bei Wachau zu schwach seien. Er ließ deshalb sogleich die Garden aus der Gegend von Rötha nach Gossa vorrücken und ersuchte den Fürsten Schwarzenberg, aus dem Winkel zwischen Pleiße und Elster ebenfalls nach Gossa zurückzukehren, da nur hier, nicht dort, die Entscheidung der Schlacht fallen werde.

Unterdessen begann der Kampf mit dem Angriff auf die Position der Franzosen in vier Kolonnen, nämlich auf dem linken Flügel Kleist mit den Preußen auf Markkleeberg, in der Mitte durch die Russen unter dem Herzoge Eugen von Württemberg auf Wachau und unter dem Fürsten Gortschakow auf Liebertwolkwitz, auf dem rechten Flügel Klenau mit den Oesterreichern durch den Vormarsch von Gr. Pößnau nach dem Kolmberg zwischen Liebertwolkwitz und Seyffertshayn.

Kleist nahm Markkleeberg und behauptete es gegen Poniatowski mit der 12. Brigade unter dem Prinzen August von Preußen. Der Herzog Eugen von Württemberg rückte zwar in Wachau ein, verlor es aber wieder an Victor und suchte sich nur südlich des Dorfes zu behaupten. Fürst Gortschakow erreichte Liebertwolkwitz nicht; er sah sich schon vorher gegen Lauriston in ein Waldgefecht verwickelt. Graf Klenau besetzte den Kolmberg und griff Liebertwolkwitz von der Ostseite an. Indessen der Berg ging gegen Macdonald und Sebastiani's Kavallerie verloren, und auch von dem Dorfe mußte Klenau, unter dem Schutz der russischen Kavallerie Pahlen's und der Kosaken Platow's in die Linie Gr. Pößnau und Fuchshayn zurückweichen; dagegen behauptete er das vorwärtsgelegene Seyffertshayn.

Es hatte sich unzweifelhaft herausgestellt, daß die Streitkräfte der Verbündeten östlich der Pleiße nicht ausreichten; — sie waren selbst in Gefahr ganz zurückgeworfen zu werden. Napoleon machte am Nachmittag den Versuch zu einer entscheidenden Offensiv-Bewegung.

Unterdessen aber zeigte sich auch die Sachlage bei Connewitz klar gestellt. Die österreichische Kolonne drang hier nicht durch. Eine Entwickelung überlegener Streitkräfte war in dem dortigen Terrain westlich der Pleiße nicht möglich. Auch weiter oberhalb bei Lößnig und Dölitz vermochten die Oesterreicher den Uebergang nicht zu erzwingen. Fürst Schwarzenberg überzeugte sich, daß der strategische Druck gegen Napoleon's rechte Flanke an der taktischen Resultatlosigkeit des Gefechts bei Connewitz scheiterte. Er ließ nur Merveldt dort im Kampfe stehen und folgte mit den Reserven des Prinzen von Hessen-Homburg und der Kavallerie der Aufforderung des Kaisers Alexander, an der Schlacht auf dem östlichen Ufer der Pleiße Theil zu nehmen. Aus der Gegend von Gautsch ging die österreichische Kavallerie bei Klein-Städteln, die Infanterie bei Groß-Deuben am Nachmittag gegen 2 Uhr auf das rechte Pleiße-Ufer über. Auf der Höhe bei Gossa traf Schwarzenberg den Kaiser Alexander, den Kaiser Franz und den König.

Gegen 2 Uhr glaubte Napoleon den Moment gekommen, zur Offensive übergehen zu können, und zwar zunächst mit der Kavallerie bei Markkleeberg und zwischen Wachau und Liebertwolkwitz; — die Infanterie, Victor, Lauriston und ein Theil der Garden sollte folgen. Um dieselbe Zeit waren die russisch-preußischen Garden unter Barclay und die Oesterreicher unter dem Prinzen von Hessen-Homburg südlich von Gossa und Cröbern bereits eingetroffen.

Bei Markkleeberg wurden die polnischen Ulanen Kellermann's, verstärkt durch einen Theil der Kavallerie Latour's, von den österreichischen Kürassieren zurückgeworfen, und die Infanterie Kleist's in dem Dorfe von der österreichischen Infanterie abgelöst. Zwischen Wachau und Liebertwolkwitz stürmten ca. 4000 Pferde der Generale Bordesoult und Doumerc gegen den rechten Flügel des Herzogs Eugen von Württemberg vor. Der Herzog wich mit schweren Verlusten, die ihm sein langes Ausharren in dem überlegenen Feuer der französischen Artillerie verursacht hatte, nach Gossa hin zurück. Bei Gossa erfolgte der Rückschlag gegen die aufgelöste französische Kavallerie durch russische und preußische Kavallerie-Regimenter, die den Feind nach Wachau zurückwarfen. Die Infanterie-Korps von Victor, Lauriston und zwei Garde-Divisionen unter Mortier setzten die Offensive bei der Schäferei Auenhayn und bei dem Dorfe Gossa fort, wohin auch Gortschakow gewichen war. Allein hier waren jetzt die Reserven der Verbündeten ausreichend, um auch die französische Infanterie abzuweisen. Die Nacht brach ein, ohne daß es dem Kaiser Napoleon gelungen wäre, die Verbündeten über die Linie Markkleeberg, Auenhayn, Gossa, Gr. Pößnau, Fuchshayn und Seyffertshayn zurückzudrängen. Eine Entscheidung des Kampfes war an diesem Tage nicht gefallen. Auch bei Lindenau hatte sich nur das Gleichgewicht der Kräfte gezeigt. Blücher allein hatte bei Möckern einen vollständigen Sieg errungen.

Für die Erneuerung der Schlacht am folgenden Tage war Napoleon nur auf die bereits gebrauchten und zum großen Theil moralisch und physisch verbrauchten Streitkräfte angewiesen; — die Verbündeten erhielten dagegen den vollständig frischen Zuzug der Truppen Bennigsen's, Colloredo's und Bubna's, vielleicht auch den der Nordarmee; ihre Ueberlegenheit war von jetzt ab unzweifelhaft.

Napoleon erkannte die Schwierigkeit seiner Lage und suchte sich ihr durch Unterhandlungen zu entziehen. Der gefangene General Merveldt bot ihm das Mittel dazu; er sandte ihn mit Aufträgen in das Hauptquartier der verbündeten Monarchen. Seine Absicht war, einen Waffenstillstand zu erlangen, um unter dem Schutze desselben ungefährdet hinter die Saale zurückgehen zu können. Den Entschluß zu dem Rückzuge dorthin, sei es mit oder ohne einen Waffenstillstand, hat der französische Kaiser erst im Laufe des 17. Oktober gefaßt, an welchem Tage von beiden Seiten der Kampf nicht erneuert wurde. Merveldt erschien erst am 18. früh bei Schwarzenberg; — seine Sendung hat daher auf die Ruhe am 17. Oktober keinen Einfluß gehabt. Diese Ruhe mußte aber die französische Armee am 18. büßen, denn sämmtliche Streitkräfte der Verbündeten waren nun vollständig vereinigt.

Schlacht bei Leipzig, den 18. Oktober.

Da Napoleon am 17. Oktober nicht angriff, so wartete Schwarzenberg an diesem Tage die Ankunft seiner Verstärkungen ab. Das Korps von Colloredo traf zwischen 10 und 11 Uhr Vormittags bei Markkleeberg ein, um daselbst den linken Flügel zu verstärken. Das Korps von Bennigsen erreichte erst am Nachmittag den rechten Flügel bei Fuchshayn; Bubna bei Machern, nördlich von Brandis. Ein anhaltender Regen hatte den Anmarsch erschwert. Blücher sandte dem Könige die Meldung von seinem Siege bei Möckern. York's Korps wurde nach Wahren zurückgenommen; Sacken dagegen gegen Gohlis vorgezogen. Durch leichte Gefechte warfen Langeron und Sacken die französischen Vortruppen von Gohlis und Eutritzsch bis in die nördliche Vorstadt von Leipzig und auf das südliche Ufer der Parthe zurück. Der Kronprinz von Schweden führte die Nordarmee am 17. Oktober nach Breitenfeld, eine Meile nördlich von Leipzig. Wintzingerode besetzte mit der leichten Kavallerie Taucha an der Parthe, 1¼ Meile nordöstlich von Leipzig.

Bernadotte war nun zur Theilnahme an der Schlacht bei Leipzig moralisch gezwungen. Um seine aktive Mitwirkung in voller Freiheit des Entschlusses auf das kleinste Maß beschränken zu können, verlangte er, daß Blücher ihm seine Stellung bei Möckern, also den rechten Flügel, einräume.

Blücher lehnte diese Forderung ab, um der Schlesischen Armee den Angriff auf dem kürzesten Wege zu wahren. Der Kronprinz von Schweden entschloß sich nun zu dem Umwege von Breitenfeld über Taucha nach Leipzig, angeblich, um dem Kaiser Napoleon dort den Rückzug nach Eilenburg zu verlegen; und an diese weit ausholende, vom Schlachtfelde sich zunächst entfernende Bewegung, knüpfte er noch die Bedingung, daß Blücher ihm die Hälfte der Schlesischen Armee zu seiner gefahrvollen Unternehmung abtreten müsse. Blücher war unter dem Vorbehalt hierzu entschlossen, daß Langeron's Korps, zum Anschluß an die Nordarmee bestimmt, nicht nach Taucha marschiren, sondern die Parthe möglichst nahe an Leipzig überschreiten solle. Hielt Carl Johann nur das preußische Korps von Bülow und die russischen Truppen unter Wintzingerode und Worontzow nicht zurück, auf dem Umwege über Taucha auf dem Schlachtfelde zu erscheinen, so mochte er nach wie vor die schwedische Armee in dem entferntesten Reserve-Verhältniß zurückbehalten und persönlich jede Berührung mit französischen Truppen vermeiden.

Mit dem Erscheinen der Nordarmee bei Taucha war der strategische Zirkel um Leipzig und um die französische Armee auf beiden Ufern der Elster, Pleiße und Parthe geschlossen; dem Kaiser Napoleon blieb für seinen Rückzug nur ein gewaltsames Sprengen dieses Kreises übrig. Wie gefahrvoll es für die französische Armee auch erscheinen mochte, diesen Ausweg auf einer einzigen Straße, auf dem langen Damm von Leipzig nach Lindenau, zu suchen, so lag es doch nahe, dort den kürzesten Rückzugsweg nach dem Rhein zu gewinnen. Große Massen sind nur durch gleiche Massen aufzuhalten. Mehr als 100,000 kampffähige Streiter brechen sich überall Bahn, wenn ihr moralischer Halt nicht vollständig verloren gegangen ist. Es erklärt sich hieraus der Entschluß Napoleon's, am 18. Oktober die Schlacht anzunehmen und gleichzeitig den Rückzug vorzubereiten, denn auf einen Sieg rechnete der französische Kaiser an diesem Tage, bei der ihm bekannten Ueberlegenheit der Verbündeten, nicht mehr. Freilich hatte Napoleon in Betreff des Kampfes keine Wahl, da er für den Beginn des Rückzugs den 17. Oktober und die Nacht zum 18. Oktober ungenutzt hatte vorübergehen lassen. Erst nach langem, innerem Kampfe gab er dem Gebot der Nothwendigkeit zur theilweisen Erhaltung seines Heeres nach. Der erste Schritt dazu war die Aufstellung der französischen Korps näher an Leipzig heran. Die Linie Wachau-Liebertwolkwitz wurde verlassen und die Armee auf $^1/_2$ bis $^3/_4$ Meile in die Linie Lößnig, Probsthaida, Zuckelhausen und Holzhausen zurückgeführt, und zwar standen am Morgen dieses Tages das 8. Korps Poniatowski bei Lößnig und Connewitz, das 2. Korps Victor bei Probsthaida und Zuckelhausen, dahinter das 5. Korps Lauriston bei Stötteritz, und Oudinot mit zwei Divisionen junger Garde hinter dem 8. und 2. Korps; — ferner das 11. Korps Macdonald bei Holzhausen und Baalsdorf, die Garden Mortier und Augereau's Reserven bei dem Thonberg, wo auch Napoleon seinen Standpunkt wählte. Die Parthe vertheidigte Ney, nämlich mit dem 6. Korps Marmont bei Schönfeld und mit dem 3. Korps Souham bei Neutsch. Den Zugang von Taucha her deckte Reynier, der am 17. von der Mulde hier eingetroffen war, bei Paunsdorf. In Leipzig und dessen Vorstädten, sowie bei Lindenau standen das 4. Korps Bertrand und die Division Dombrowski. Bertrand mußte schon am frühen Morgen des 18. den Rückzug der französischen Armee nach der Saale eröffnen, gefolgt von dem Wagentrain der Korps. Gyulai wurde bei Lindenau leicht aus dem Wege geschafft; er wich mit Verlust nach Kl. Zschocher südlich aus. Das 4. Korps setzte von nun an ungestört den Weg über Markranstädt und Lützen nach Weißenfels fort, um dort den Saale-Uebergang zu besetzen.

Die Disposition Schwarzenberg's für den Angriff bestimmte in der Front, östlich der Pleiße, das Vorgehen zweier Kolonnen. Die erste unter dem Prinzen von Hessen-Homburg, nämlich das 1. Korps Colloredo, das österreichische Reserve-Korps, die Hälfte des 2. Korps (die andere Hälfte blieb zwischen Pleiße und Elster vor Connewitz) und eine Kavallerie-Division — von Markkleeberg gegen Dölitz und Lößnig; — ferner die zweite Kolonne unter Barclay de Tolly, das Korps Wittgenstein, das Korps Kleist und die Garden, — von Gossa gegen Wachau, Liebertwolkwitz und Probstheida. Den linken Flügel der französischen Aufstellung sollte Bennigsen mit der russischen Reserve-Armee, dem 4. Korps Klenau und der Division Bubna umfassen. Die 11. preußische Brigade Zieten befand sich in dieser Kolonne; ihre Direktion war von Fuchshayn über Seiffertshayn gegen Holzhausen. Auf dem westlichen Ufer der Elster sollte Gyulai von Kl. Zschocher den Angriff auf Lindenau erneuern. Wir sagten bereits, daß Bertrand ihn aus dem Wege warf.

Von der Schlesischen Armee dirigirte Blücher das Korps Sacken von Gohlis gegen Leipzig; hinter Sacken stand das Korps York bei Gohlis im zweiten Treffen. Das Korps Langeron erhielt die Weisung, von Eutritzsch bei Mockau die Parthe zu überschreiten. Blücher schloß sich dieser Kolonne an, um sie durch den Kronprinzen von Schweden nicht aus der Hand zu verlieren.

Die Nord-Armee führte der Kronprinz von Breitenfeld nach Taucha, nämlich das Korps Bülow und die russische Kavallerie von Wintzingerode nach Taucha, die russische Infanterie von Wintzingerode und Worontzow nach Graßdorf, nördlich von Taucha, und die schwedische Armee nach Plaußig zwischen Graßdorf und Mockau. Wenn die Nord-Armee die Parthe nach dem südlichen Ufer hin überschritt und auf Leipzig vordrang, so kam sie mit Bennigsen in Verbindung und wirkte mit ihm auf Flanke und Rücken der französischen Aufstellung südlich von Leipzig.

Der Rückzug Napoleon's von Wachau nach Probstheida ließ bei den Verbündeten die Vermuthung entstehen, daß man es heute nur mit einem

Arrieregarden-Kampf im großen Styl zu thun haben werde. Die Bewegung französischer Kolonnen und Trains seit dem frühesten Morgen auf der Straße von Lindenau nach Markranstädt gaben dieser Ansicht sehr bald eine Bestätigung. Dennoch fand nach Ausdehnung des Raums und nach Größe der auf einander treffenden Heere die größte Schlacht statt, die bis hierher geschlagen worden war.

Die 1. und 2. Kolonne, Prinz von Hessen-Homburg und Barclay, stießen auf einen sehr hartnäckigen Widerstand. Die 1. Kolonne nahm zwar Dösen, Dölitz und Lößnig, behauptete sich aber hier, in Folge einer Gegen-Offensive des Feindes, nur mit der äußersten Mühe und konnte nicht über Lößnig hinaus vordringen. Der Prinz von Hessen-Homburg wurde verwundet, Colloredo übernahm das Kommando. Von der 2. Kolonne marschirte Kleist über Wachau, Wittgenstein über Liebertwolkwitz gegen Probstheida. Beide Korps drangen zwar theilweise in das Dorf ein, vermochten es aber nicht festzuhalten. Die Korps formirten sich am Nachmittage südlich von Probstheida und unterhielten nur die Kanonade.

Glücklicher war der Flankenangriff Bennigsen's. Zieten eroberte Zuckelhausen. Klenau nahm Holzhausen, und die Russen drangen über Kl. Pößnau und Baalsdorf bis Zweinaundorf vor, hatten also hiermit die französische linke Flanke nach Probstheida hin umfaßt. Dagegen blieb Stötteritz, wie Probstheida, noch in dem Besitz des Feindes. Rechts von den Russen gelang es der Division Bubna von Brandis über Zweenfurth und Engelsdorf das Dorf Melkau zu besetzen. Platow eröffnete mit seinen Kosaken über Sommerfeld die Verbindung mit der Nord-Armee nach Taucha hin.

Von Taucha her rückte Bülow gegen Paunsdorf vor und entriß dieses Dorf dem General Reynier. Langeron überschritt die Parthe bei Mockau und warf den Feind auf Schönfeld zurück. Ney suchte nun in der Linie von Schönfeld über Sellershausen bis Stüntz Widerstand zu leisten. Bei Paunsdorf gingen der württembergische General Normann mit einer Kavallerie-Brigade und 3000 Sachsen unter Oberst Brause und General Ryssel des Korps von Reynier zu den Verbündeten über, ohne daß dieser Umstand bei der strategischen Sachlage und dem numerischen Verhältniß der Alliirten von einem anderen, als einem moralischen Einfluß auf die bereits hoffnungslose Situation der französischen Truppen sein konnte. Im Laufe des Nachmittags eroberte Bülow noch Sellerhausen und Stüntz, und Langeron Schönfeld. Die französische Armee, an der Ostseite Leipzig's aufs Aeußerste eingeengt, konnte sich hier nur durch das Eingreifen der französischen Garden behaupten. Auf der Nordseite Leipzig's warf Sacken den Feind über die Parthe zurück. York blieb bei Gohlis stehen. Die russische und schwedische Infanterie der Nordarmee war den Korps von Bülow und Langeron gefolgt.

Hatte Napoleon am 17. Oktober noch geschwankt, ob er den Rückzug antreten oder eine neue Schlacht schlagen solle, so blieb ihm am Abend des

18. Oktober keine andere Wahl, als die, dem Korps des Generals Bertrand zu folgen. Für den 19. Oktober war nur Leipzig noch so lange zu behaupten, bis das Gros der Armee das Defilee nach Lindenau überschritten und sich in Marschkolonnen auf dem Wege nach Lützen befand.

Den Verbündeten fiel für den 19. die Aufgabe zu, den Sieg zu vollenden und den Abzug der französischen Armee nach Möglichkeit zu unterbrechen und zu stören. Der um weniger als eine halbe Meile um Leipzig verengte Kreis bot die Gelegenheit, die Queue der abziehenden Kolonnen unmittelbar anzufallen und festzuhalten.

Bertrand hatte am Abend des 18. Oktober mit dem Gros Lützen, mit der Avantgarde Weißenfels erreicht; — am 19. sollte er die Saale von Merseburg bis Kösen besetzen. Schon in der Nacht zum 19. Oktober ließ Napoleon den Rückzug des Gros der Armee durch Leipzig nach Lindenau und Lützen antreten, und zwar voran die rein französischen Korps, die Garden, Victor, Augereau, dann Marmont, Souham, Lauriston. Die Deckung des Rückzuges, also die Vertheidigung Leipzig's, wurde den Polen und Rheinbundstruppen übertragen, auf deren Verlust Napoleon keinen weiteren Werth legte, also den Korps Poniatowski's, Macdonald's und Reynier's. Ein Versuch des französischen Kaisers, sich den Abmarsch dadurch sicherzustellen, daß er den Magistrat von Leipzig nöthigte, an die Verbündeten die Bitte zu richten, die Stadt nicht zum Kampfplatz zu machen, scheiterte an der richtigen Einsicht seiner Gegner, daß man dem Feinde auf diese Weise goldene Brücken nicht bauen dürfe.

Mit Anbruch des Tages wurden die schwachen französischen Arrieregarde-Truppen aus den vorliegenden Dörfern nach Leipzig zurückgeworfen, und die Hauptkolonnen, welche am 18. formirt gewesen waren und geschlagen hatten, rückten am 19. in gleicher Eintheilung zum Sturm auf die Stadt heran. Bei der zunehmenden Verengung des Gefechtsfeldes nach Leipzig hin konnten auch nur die Teten der Kolonnen zur unmittelbaren Theilnahme an dem Kampf gelangen. Die Thore im Norden, Osten und Süden der Stadt wurden die Direktionspunkte des Angriffs; zwischen 8 und 9 Uhr wurden dieselben erreicht. Der bis dahin auf der Gegend ruhende Nebel sank; die Situation des Feindes ließ sich genau übersehen. Der Hauptkampf wurde in den Vorstädten geführt. Bülow's Korps drang zuerst von der Ostseite in die Vorstadt und dann in die Stadt ein; unmittelbar darauf auch Sacken's Korps von der Nordseite. Dadurch war der Rücken aller anderen Thore bedroht und diese für den Einzug der übrigen Kolonnen geöffnet. Ein furchtbares Gedränge entstand in der Stadt und an dem Thor der Westseite nach Lindenau zu. Napoleon opferte die Vertheidiger der Stadt und ließ zur Deckung seines Rückzuges die Elsterbrücke sprengen. Diejenigen, welche die Elster ober- und unterhalb schwimmend zu passiren suchten, ertranken zum großen Theil: — unter Anderen auch der verwundete Marschall Fürst Poniatowski. Gegen Mittag hielten Kaiser Alexander und der König ihren Einzug in die Stadt; — die kommandirenden Generale schlossen sich diesem Zuge an. Später zog auch Kaiser Franz in Leipzig ein. Der König von Sachsen, der hier zurückgeblieben war, wurde von den Verbündeten zum Gefangenen erklärt.

Große Opfer hatten die Kämpfe am 16., 18. und 19. gekostet. Die Alliirten verloren im Ganzen über 40,000 Mann, darunter 21 Generale und 1700 Offiziere, — theils todt, theils verwundet. Dagegen fielen 300 Geschütze und 900 Wagen, nebst 15,000 Gefangenen in ihre Hände. Im Ganzen büßte die französische Armee wenigstens 60,000 Mann ein, an Todten, Verwundeten und Gefangenen. Von den kommandirenden Generalen waren Ney und Marmont verwundet worden, Lauriston und Reynier geriethen in Gefangenschaft.

Das Resultat des Sieges bei Leipzig war die Befreiung Deutschlands von französischer Herrschaft, die Selbstständigkeit deutscher Völkerstämme und deutscher Fürsten. Der Rückzug der französischen Armee bis an und über den Rhein fiel den Verbündeten als eine Frucht dieses Sieges zu; indessen mehr durch die Demoralisation des Feindes, als durch die Energie der Verfolgung. Die partikularen Interessen Oesterreichs hinderten die äußerste militairische Anstrengung gegen den Kaiser Napoleon.

Die Schlesische Armee verfolgt den Feind bis an den Rhein. Entstehung des Operationsplans für den Feldzug von 1814. — Verpflegungs=Grundsätze.

Das Korps von York hat an der Schlacht bei Leipzig keinen hervorragenden Antheil genommen; — nur drei Bataillone waren von Gohlis her zur Unterstützung Sacken's gegen Leipzig vorgesendet worden. Zwei Bataillone wurden um Mittag nach Schkeuditz gesendet, die dortige Elster=Brücke zu besetzen. Dasselbe geschah durch zwei Bataillone etwas weiter unterhalb bei Ober=Thau. Noch am Abend des 18. Oktober erhielt York von Blücher den Befehl, nach der Saale hin abzumarschiren, „um den Uebergang bei Merseburg zu sichern und dem Feinde auf seinem Rückzuge so vielen Abbruch zu thun, als es den Umständen nach möglich sein würde." Zwei Kosaken=Regimenter von Sacken wurden zu diesem Zweck dem Korps zugetheilt. Nach 7 Uhr Abends marschirte York mit dem Korps in der Richtung auf Schkeuditz ab. Die Reserve=Kavallerie befand sich an der Tete; dann folgte die Division Horn; die Division Hünerbein machte die Queue. Die detachirten Bataillone schlossen sich der Marschkolonne auf ihrem Wege an.

York war also der erste, welcher die Verfolgung der geschlagenen französischen Armee einleiten sollte. Kaiser Alexander hatte den Wunsch ausgesprochen, daß auch von der Hauptarmee schon am Abend des 18. Oktober die Vorbereitungen zur Verfolgung am folgenden Tage getroffen werden möchten und zu diesem Zweck das Garde=Korps Barclay's zum Marsch auf Pegau zur Disposition gestellt. Von dort aus würde sich das Korps in dem Verhältniß eines Flankenmarsches südlich der französischen Rückzugslinie befunden haben, wie York nördlich derselben.

Denkt man sich beide Korps am 19. verstärkt, und auf der Mittellinie nach Lützen hin die großen Kavallerie=Massen der Verbündeten gegen den weichenden Feind verwerthet, so würde durch diese Anordnungen der Sieg vom 18. Oktober allerdings wesentlich vervollständigt worden sein. Indessen im Hauptquartier Schwarzenberg's sah man die Sachlage von einem anderen Standpunkte an. Anstatt der nächsten, am Feinde befindlichen Korps erhielten entferntere Truppentheile den Auftrag, die Verfolgung zu versuchen, nämlich die Division Bubna von Melkau her, östlich von Leipzig, und noch weiter rechts von diesem die Kosaken Platow's, welche die Verbindung mit der Nordarmee aufgesucht hatten. Erst am 19. Oktober kam Platow auf das westliche Elster=Ufer, ohne den Feind zu erreichen, und Bubna blieb schon bei Zwenkau an der Elster stehen. Gyulai's Korps war freilich auf dem linken Elster=Ufer am nächsten zur Hand; allein schon am 18. von Bertrand zurückgeworfen, wich derselbe am 19. Oktober zunächst dem Rückzuge des französischen Gros ganz aus, marschirte in die Gegend von Pegau und kam am Abend des 19. nicht über Dobergast hinaus, ³/₄ Meilen westlich von Pegau. Genug, die Anordnungen am 19. zur Verfolgung waren nach einem unzureichenden Maßstabe bemessen. Der eigentliche Verfolgungsplan wurde erst zum 20. Oktober festgesetzt und ging in großen Zügen darauf hinaus, daß die Schlesische Armee die rechte Flügel=Kolonne, Bennigsen's Armee die Mitte und die Böhmische Armee die linke Flügel=Kolonne bilden sollten. Erfurt wurde der nächste Haupt=Direktionspunkt für die Verfolgungsmärsche; der Nordarmee blieb die Wahl freigestellt. In der That hatte Napoleon seine Rückzugslinie winkelrecht zu seiner strategischen Front über Erfurt nach Mainz verlegt. Die Vertheidigung Leipzig's am 19. und das Verweilen der jungen Garde unter Oudinot bis zum 20. früh bei Lindenau, verschaffte dem französischen Gros einen Vorsprung von 18 Stunden, den wieder einzuholen für die Hauptarmee keine Aussichten vorhanden waren.

Sehen wir nun, wie York Fühlung mit dem Feinde gewann.

Am 19. Oktober erreichte die Division Horn Halle, die Division Hünerbein Bruckdorf, südlich von Halle, die Reserve=Kavallerie Passendorf, jenseits Halle an der Straße nach Lauchstädt. Die Elsterübergänge bei Burg Liebenau und Beesen wurden von der Division Hünerbein besetzt. Die zerstörten Brücken daselbst hinder=

ten die beabsichtigte Besetzung Merseburg's von hier aus; doch befand sich in Merseburg bereits ein Kosaken-Detachement.

Für den 20. Oktober mußte York mit seinen 14,000 Mann die weite Ebene betreten, die zwischen der Saale und Unstrut liegt, um an eine retirirende Armee von 100,000 Mann heranzukommen. Eine Unterstützung bei diesem Unternehmen stand zunächst nicht in Aussicht, da die Korps von Sacken und Langeron bei Schkeuditz die Elster überschreiten und nach Lützen marschiren sollten, wohin am Abend des 19. General Wassiltschikow mit der Kavallerie Sacken's vorausgegangen und bis Gr. Dölzig, südlich der Luppe, gekommen war.

Bevor York mit seinem Hauptquartier am 20. Oktober Halle verließ, fand Reyher Gelegenheit an seinen Vater zu schreiben, und ihm Nachricht von dem Siege bei Möckern und dessen nächste Folgen zu geben. Wir heben einige Stellen aus diesem Briefe heraus:

„.... Der Feind ist bei Leipzig auf allen Punkten geschlagen worden, und retirirt nun in der größten Unordnung auf Erfurt. Den größten Theil seiner Artillerie hat er im Stich gelassen.... Der Sieg bei Möckern am 16. wurde durch die Kavallerie entschieden. Katzeler kommandirte in dieser Schlacht 8000 Mann und hatte den rechten Flügel. Er hatte einen blutigen Kampf zu bestehen. 4000 Mann wurden ihm getödtet und verwundet. Bei der Kavallerie-Attacke wurde er selbst am Kopf blessirt und fiel vom Pferde. Ich blieb vor dem Brandenburgischen Husaren-Regiment und machte die Attacke bis zu Ende mit. Ich habe in der Schlacht durch eine Kartätschkugel eines meiner besten Pferde verloren. Nachdem Katzeler verwundet worden war, setzte sich der General v. York selbst an die Spitze der Kavallerie. Katzeler liegt hier in Halle. Durch den gestrigen Parolbefehl bin ich zu York als Adjutant versetzt; wahrscheinlich auf so lange bis Katzeler wieder hergestellt ist. Ich fühle mich durch diese Versetzung sehr geehrt. Gestern speiste York mit allen seinen Adjutanten beim Geheimen Ober-Justizrath Schmelzer hierselbst. Beim Champagner wurde dem General ein Lorbeerkranz von den Töchtern der hiesigen Honorationen überreicht, und wir Adjutanten bekamen Jeder einen Zweig. Den Meinigen übersende ich Ihnen einliegend mit der Bitte, ihn mir recht sorgfältig aufzuheben. Er wird einst, wenn ich am Leben bleibe, mir eine sehr angenehme Rückerinnerung gewähren. Den geschlagenen Feind werden wir nach Erfurt hin verfolgen. Binnen einigen Tagen hoffe ich die Brüder Fritz, Heinrich und auch Ludwig zu sehen". — [Reyher wußte noch nicht, daß sein Bruder Fritz am 19. bei Leipzig erschossen worden war]. „.... Hier herrscht in allen Städten und Dörfern unter den Einwohnern eine Freude, die grenzenlos ist. Alle betrachten sich schon wieder als preußische Unterthanen.... Das brave Armee-Korps York's hat seit

Eröffnung der Campagne und bei Möckern große Verluste erlitten; unter Anderen über die Hälfte seiner Offiziere verloren. Keines der preußischen Korps hat so viel gelitten; aber wir können es dreist sagen, auch keines hat so oft und so heldenmüthig geschlagen. Hierüber ist bei den Russen und den anderen Armeen nur eine Stimme.... Leben Sie wohl, geliebte Eltern und grüßen Sie meine Schwestern und meine Freunde. Nach dem Frieden umarmt Sie Ihr gehorsamster Sohn Carl".

York wußte jetzt, daß der Feind die Straße über Weißenfels eingeschlagen habe, also Merseburg nicht mehr berühren könne, und daß Freiburg von demselben besetzt sei. Das Gros der Französischen Armee hatte vom 19. zum 20. bei Lützen bivouakirt.

Der General ließ die Reserve-Kavallerie auf der Straße über Lauchstädt auf Weißenfels am 20. Oktober früh Morgens vorgehen; die Division Horn sollte folgen, die Division Hünerbein nach Merseburg marschiren. Horn schickte das Brandenburgische Husaren-Regiment nach Mücheln, um von dort Freiburg und Laucha an der Unstrut zu rekognosziren. Die Patrouillen stießen jenseits Mücheln auf den Feind. York, welcher die Reserve-Kavallerie begleitete, empfing um 9 Uhr Vormittags in Gr. Kayna, nördlich von Reichertswerben, die Meldung, daß der Feind in starken Kolonnen von Weißenfels nach Freiburg marschire, und daß Kavallerie (es war das 2. Französische Kavallerie-Korps unter Sebastiani) bei Reichertswerben diesen Marsch zu decken suche. Sebastiani befehligte aber auch eine Infanterie-Kolonne, welche Reichertswerben und das anliegende Terrain besetzte. Es kam zur gegenseitigen Kanonade und zum Plänklergefecht. Da aber die Infanterie des Korps noch nicht heran war, so unterblieb der Angriff auf Reichertswerben. Horn erreichte am Abend dieses Tages nur Frankleben; Hünerbein war irrthümlich über Merseburg nach Lauchstädt marschirt. Die Reserve-Kavallerie blieb, Reichertswerben gegenüber, bei Gr. Kayna für die Nacht stehen.

Die Korps von Sacken und Langeron kamen bis Lützen, die Kavallerie unter Wassiltschikow bis Röcken, Rippach gegenüber. 2000 Traineurs wurden auf diesem Marsch gefangen genommen. Die Französische Arrieregarde räumte am Abend des 20. Rippach. Das Gros der Armee hatte mit der Tete Freiburg, mit der Queue Weißenfels erreicht, eine Ausdehnung von 2 Meilen. Napoleon stand in der Besorgniß, weiter südlich über Naumburg den Saal-Uebergang bei Kösen nicht mehr ungestört überschreiten zu können. Bertrand hatte nämlich am 19. Naumburg von dem noch vor der Schlacht hierher detachirten österreichischen General Murray (3 Bataillone 1 Batterie) besetzt gefunden, ihn zwar leicht vertrieben, aber nun vorausgesetzt, daß auch Kösen besetzt sein werde. Murray indessen wich auf der Straße nach Zeitz aus. Bertrand hatte deshalb den Marsch von Weißenfels nördlich über

Freiburg vorgeschlagen. Gleichwohl zeigte sich schon vom 20. Oktober an, die später immer mehr hervortretende Auflösung der Armee, und zwar theils als eine Folge der Niedergeschlagenheit, theils als eine Folge der unregelmäßigen Ernährung. Marschall Marmont schildert diese Demoralisation als Augenzeuge in seinen Memoiren. Er sagt, daß die angestrengten Rückzugsmärsche und die Entbehrungen die Indisziplin rasch vermehrt hätten. Die Soldaten, welche der Hunger zum Aufsuchen der Lebensmittel trieb, entfernten sich von der Truppe, ohne zu ihr und der geschlossenen Ordnung zurückzukehren. Der militairische Geist erlosch unter diesen Umständen. Mißmuth und Verzagtheit nahmen täglich zu. Viele warfen die Gewehre fort und marschirten mit dem Stock in der Hand. An 20,000 Mann bedeckten auf diese Weise in kleinen Trupps das Feld zu beiden Seiten der Haupt-Kolonne. Sammelte man sie, so zerstreuten sie sich doch sogleich wieder.

Der Kronprinz von Schweden blieb mit der Nordarmee am 20. noch östlich von Leipzig stehen. Bennigsen erreichte nur Schönau, zwischen Lindenau und Markranstädt. Schwarzenberg theilte die Böhmische Armee in 2 Kolonnen, von welchen die des linken Flügels nach Zeitz marschirte, daher die Berührung mit dem Feinde vorweg aufgab, und nur die des rechten Flügels die Richtung auf Naumburg erhielt; doch an diesem Tage zwischen Teuchern und Pegau halten blieb. Nur die Avantgarde dieser Kolonne, die Oesterreichische Kavallerie-Division unter Nostitz rückte mit Murray in der Nacht wieder vor Naumburg und am 21. unterstützt von Gyulai nach Kösen. Diesen Paß hatte aber Bertrand von Freiburg her schon besetzt, so daß es hm gelang, die Oesterreicher von dort ebenfalls zurückzuwerfen.

York formirte am 21. Oktober eine neue kombinirte Avantgarde unter Oberst Graf Henckel v. Donnersmark, und zwar aus 6 Bataillonen, 3 Jägerkompagnien, 12 Eskadrons und 2 Batterien. Sie mußten sich um 5 Uhr Morgens bei Petzkendorf sammeln, ½ Meile östlich von Müchelm, von wo die Brandenburgischen Husaren herangezogen wurden. Die Aufgabe der Avantgarde war, gegen Laucha vorzugehen und den Marsch des Feindes **möglichst zu beunruhigen**. Das Gros, die Divisionen Horn und Hünerbein, sollte sich ebenfalls bei Petzkendorf um 7 Uhr Morgens wieder vereinigen. Die Reserve-Kavallerie zog Oberst Jürgaß bei Bedra zusammen, ¼ Meile südlich von Petzkendorf, nachdem er die Kavallerie-Feldwachen noch gegen Reichertswerben hatte stehen lassen; — ein Regiment blieb zu ihrer Aufnahme zurück. York beschloß den gleichzeitigen Anmarsch auf Laucha und Freiburg, unter fortgesetzter Beobachtung der Linie Weißenfels-Freiburg. Dem entsprechend wurde die Reserve-Kavallerie von Bedra auf Markröhlitz gewiesen, wohin Sebastiani von Reichertswerben zurückwich. Markröhlitz liegt fast auf der Hälfte des Weges zwischen Weißenfels und Freiburg. Jürgaß traf hier um Mittag ein, kanonirte und attackirte die französische Arrieregarde daselbst, jetzt unter Oudinot, machte mehrere hundert Gefangene und zog sich am Abend nach Zeuchfeld, ½ Meile östlich von Freiburg. Graf Henckel setzte sich mit der Avantgarde von Petzkendorf nach Baumersroda (Straße nach Laucha) in Bewegung, und ereilte bei dem nahen Gleina einen Gefangenen-Transport, den er von der Kavallerie angreifen und befreien ließ. 100 Offiziere und 4000 Mann, größtentheils Oesterreicher, erhielten dadurch ihre Freiheit wieder. Die französische Eskorte wurde theils zerstreut, theils gefangen genommen. Jenseits Baumersroda erhielt Henckel den Befehl, den Weg nach Laucha nicht weiter zu verfolgen, sondern sich nach Münchroda und Freiburg zu wenden, da hier und nicht bei Laucha das Gros der Französischen Armee über die Unstrut gehe. Die Divisionen Horn und Hünerbein führte York von Petzkendorf über Zeuchfeld und Schleberoda gegen Freiburg vor, zusammen 14 schwache Bataillone und 16 Eskadrons.

Gefecht bei Freiburg. Von Schleberoda führen schwierige Defilee-Wege ins Thal der Unstrut hinab, und beengen die Entwickelung der Streitkräfte. Auf die Meldung, daß französische Garden östlich von Freiburg, zur Deckung des dortigen Ueberganges, aufgestellt seien, hielt es York für angemessener, sich mit seiner Avantgarde wieder zu vereinigen, und die Position der Franzosen oberhalb Freiburg bei dem Dorfe Zscheiplitz anzugreifen. Eine hier von Bertrand über die Unstrut erbaute Brücke konnte dann dem Feinde vielleicht ganz entzogen werden. Bei Schleberoda blieb ein Kavallerie-Regiment zur Beobachtung des Feindes und zur Verbindung mit Jürgaß bei Markröhlitz zurück. Gros und Avantgarde vereinigten sich um 2 Uhr Nachmittags bei Münchroda, ¼ Meile nördlich von Zscheiplitz. Zscheiplitz und das anliegende Terrain war stark von den Franzosen besetzt, deren lange Kolonnen fortwährend bei Freiburg und zwischen dieser Stadt und Zscheiplitz über eine zweite Brücke defilirten, um den Weg nach Eckartsberga zu verfolgen. York hatte es hier in seiner vollständig isolirten Lage mit dem größten Theil der Französischen Armee zu thun, denn nachdem am Morgen dieses Tages Marmont mit dem 3., 6. und 7. Korps die Freiburger Brücken überschritten, folgten Nachmittags 3 Uhr Victor mit dem 2. Korps, um 4 Uhr die Kavallerie-Korps von Sebastiani und Arrighi, um 5 Uhr die Garden, um 7 Uhr das 5., 8. und 11. Korps, und noch später traf Oudinot mit der jungen Garde bei Freiburg ein. Alle diese Kolonnen zu durchbrechen, war nicht möglich. Napoleon traf am Morgen in Freiburg ein, und begab sich am Nachmittag nach Eckartsberga; er war daher persönlich bei dem Gefecht York's an der Unstrut nicht zur Stelle.

York gab folgende Angriffs-Disposition:

„Die Infanterie der Avantgarde bildet den rechten Flügel, und greift den Feind, der das Schloß Zscheiplitz zur Deckung seines Ueberganges besetzt hat, längs der Unstrut an. General Horn macht den linken Flügel und vertreibt den Feind aus den Gebüschen und Weinbergen, welche vor Zscheiplitz und Freiburg liegen. General Hünerbein bildet die Reserve."

Yorck zeigte hier eine Vorsicht im Angriff, die wohl den gegenüber stehenden weit überlegenen Kräften entsprechend war. Henckel eröffnete das Gefecht, kam aber nicht dazu, Schloß und Dorf Zscheiplitz mit dem Bajonnet zu attackiren; dagegen gelang es ihm, die dortige Unstrut-Brücke so wirksam unter Geschützfeuer zu nehmen, daß die Franzosen den Uebergang an dieser Stelle ganz einstellen mußten; sie behielten nur noch die Freiburger Brücke zur Disposition. Ein heftiges Tirailleurfeuer in dem Waldterrain auf dem rechten Ufer der Unstrut zog das Gefecht der Avantgarde bis zum Abend hin. Die Division Horn wies auf dem linken Flügel alle Versuche des Feindes ab, von Freiburg her die Position nördlich von Zscheiplitz zu gewinnen und sich dadurch ihre zweite Unstrut-Brücke wieder frei zu machen. An diesem Gefecht nahmen auch 2 Bataillone der Division Hünerbein Theil.

Yorck hatte durch die Dauer des Gefechtes und den nachhaltigen Widerstand des Feindes den Eindruck empfangen, daß er, auf seine eigenen Kräfte angewiesen, an dieser Stelle die französischen Kolonnen nicht zu durchbrechen vermöge. Er ließ deshalb zur Nacht nur die Avantgarde vor Zscheiplitz stehen, und führte die beiden Divisionen zurück in ein Bivouak bei Gleina. Die Hartnäckigkeit des Kampfes spricht sich darin aus, daß das Korps in diesen wenigen Nachmittagsstunden über 600 Mann an Todten und Verwundeten verlor. Am frühen Morgen des folgenden Tages räumten die Franzosen die Stellung. Henckel ließ sogleich Freiburg besetzen und nahm noch mehrere Geschütze und eine große Anzahl Wagen. Die Brücken hatte der Feind hinter sich abgebrochen.

Sacken und Langeron waren am 21. bis Weißenfels gekommen. Der schwachen französischen Arrieregarde, welche hier noch stand, gelang es, die Brücke zu zerstören. Am Abend war sie wieder hergestellt. Beide Korps passirten nun die Saale; Wassiltschikow eilte voraus und stellte von Markröhlitz aus die Verbindung mit der Reserve-Kavallerie Yorck's her. Blücher blieb in Weißenfels.

Auf dem Marsche von Lützen nach Weißenfels erreichte Prinz Wilhelm von Preußen, der in Leipzig zurückgeblieben war, die Schlesische Armee und überbrachte dem General Blücher die Ernennung zum Feldmarschall, welche der König eigenhändig und in gnädigsten Ausdrücken abgefaßt hatte. Der Prinz selbst erhielt, an Stelle des verwundeten Herzogs Karl von Mecklenburg, das Kommando der 2. Brigade.

Die Armee Bennigsen's blieb schon bei Lützen stehen. Die Nordarmee ruhte noch bei Leipzig. Die Böhmische Armee erreichte mit der Kolonne rechts (Barclay, Wittgenstein, Kleist) Naumburg, vor sich bei Kösen Gyulai und Nostitz; — mit der Kolonne links (1. und 2. österreichisches

Korps und die Reserven) Eisenberg, 3 Meilen südlich von Naumburg, wo sich kein Feind befand.

Am 22. Oktober setzte das französische Gros den Rückzug über Eckartsberg und Buttelstedt auf Erfurt fort.

Blücher befahl für diesen Tag:

„Das Korps des Grafen Langeron bricht um 5 Uhr auf und marschirt über Markröhlitz nach Freiburg. Sollte der Feind diesen Ort noch nicht geräumt haben, so greift ihn die Avantgarde mit dem Korps von York zugleich an; dann wird die Brücke hergestellt, damit beide Korps dort übergehen, und den Feind verfolgen können. Das Korps von Sacken marschirt nach Laucha, stellt dort die Brücke her und rückt bis Bibra".

Als Blücher in Freiburg gegen Mittag eintraf und die veränderte Sachlage vorfand, gab er folgenden Befehl:

„Die Reserve-Kavallerie des Korps von York, nebst ihrer reitenden Artillerie, marschirt über Nebra, Wiehe, gegen Weißensee, um den linken Flügel des Feindes (bei Erfurt) zu umgehen. Für heute marschirt sie bis es dunkel wird, und bricht morgen mit dem Tage wieder auf. Das Korps von York stellt die Brücke bei der Zettenbacher Mühle (Zscheiplitz) her und marschirt bis Steinbach (bei Bibra). Das Korps von Langeron geht bei Freiburg über und marschirt auf Burghäßler (Richtung zwischen Bibra und Eckartsberg). Das Korps von Sacken geht bei Laucha über und marschirt nach Bibra. Das Hauptquartier bleibt in Freiburg."

Um den Feind, wo möglich, wieder zu erreichen, sollten am folgenden Tage Gewaltmärsche von 4 bis 4½ Meilen von den Korps gemacht werden, weshalb Blücher gleich für den 23. befahl:

„Das Korps von Sacken marschirt über Tauhard und Kölleda nach Leubingen; das Korps von York über Rastenburg und Gr. Neuhausen nach Sömmerda; das Korps von Langeron über Hardisleben und Gutmannshausen nach Schloß-Wippach. Das Hauptquartier kommt nach Gr. Neuhausen."

Indessen beide Befehle kamen nicht zur vollständigen Ausführung.

York erhielt den ersten Befehl am Nachmittag des 22. Oktober und mußte nun zuvor die Brücke herstellen. Die Reserve-Kavallerie war noch weit zurück in Zeuchfeld. Oberst Jürgaß brach zwar sogleich auf und marschirte nach Burgscheidungen, um wenn möglich schon hier und nicht erst bei Nebra die Unstrut zu passiren. Als er am Abend Burgscheidungen erreichte, traf er hier bereits den General Wassiltschikow, der in Laucha die Brücke zerstört gefunden hatte, deshalb hierher marschirt war, und sich mit Verstärkung der Unstrut-Brücke beschäftigte, um sie für Artillerie passirbar zu machen. Jürgaß blieb bei Karsdorf, um am folgenden Tage die Brücke bei

Burgscheidungen zu benutzen. Er kam also an diesem Tage nicht auf das jenseitige Unstrut-Ufer.

Von der Avantgarde Henckel's besetzte Oberst-Lieutenant v. Stössel am 22. früh Morgens mit 2 Kavallerie-Regimentern Freiburg und verfolgte den Feind von dort her. Henckel sammelte die Avantgarde aus der innegehabten Gefechtsposition und marschirte von Münchroda nach Laucha, wo die Brücke erst wiederhergestellt werden mußte. Die Division Horn kam von Gleina bis Dorndorf bei Laucha, die Division Hünerbein bis Burgscheidungen. Sacken erreichte Laucha, Langeron blieb bei Freiburg. Der überall nothwendige Brückenbau hatte also das Uebergehen der Schlesischen Armee über die Unstrut, wie Blücher dasselbe beabsichtigte, verhindert. Es war daher auch nicht möglich, am 23. die vorgeschriebenen Punkte mit den Gros der Korps zu erreichen, um so weniger, da der Regen die Wege aufgeweicht hatte und den Marsch sehr beschwerlich machte. Dennoch sollten wenigstens die Avantgarden sich bemühen, am 23. Oktober bis Leubingen, Sömmerda und Schloß-Wippach vorzudringen. In der That erreichte Henckel mit den Husaren und der reitenden Artillerie am Abend Sömmerda, nur seine Infanterie war noch weit zurück; — sie schloß sich ihm, ebenso wie Oberst-Lieutenant v. Stössel, erst am folgenden Tage Vormittags in Sömmerda an. York kam mit der Division Horn bis auf 1½ Meile an Sömmerda heran, nämlich nach Kl.-Neuhausen, dahinter die Division Hünerbein bis Roldisleben und Jürgaß mit der Reserve-Kavallerie bis Ostermondra.

Ebenso gelangte Wassiltschikow mit der Kavallerie Sacken's bis Leubingen, dagegen das Gros Sacken's nur bis Bachra, 2 Meilen von Leubingen. Langeron hatte von Freiburg bis Gutmannshausen schon 4 Meilen zurückzulegen.

Während Blücher die Schlesische Armee auf ihren nördlichen Bogenwegen rastlos vorwärts trieb, folgten die übrigen Korps in kürzeren Tagemärschen nach Erfurt hin. Bennigsen gelangte am 22. und 23. von Lützen über Weißenfels nur bis Freiburg; Kolonne rechts der Böhmischen Armee, am 22. bis Poppel, ½ Meile östlich von Eckartsberg, — am 23. bis Buttelstedt; Kolonne links, am 22. bis Jena, am 23. bis Weimar. Die Kosaken unter Platow warfen sich in den Thüringer Wald, um die rechte Flanke Napoleon's zu gewinnen.

Erst am 22. Oktober setzte sich die Nordarmee von Leipzig her in Bewegung; doch nicht im Anschluß an die Verfolgungsrichtung auf Erfurt, sondern nordwestlich auf Göttingen zu, über Querfurth, Sondershausen und Heiligenstadt. Bernadotte erwartete, daß auf die Nachricht von dem Rückzuge Napoleons Marschall Davoust eilen werde, die niedere Elbe zu verlassen, um Holland zu erreichen. Der Operation der Schweden durch Holstein gegen die dänische Armee würde dann kein Hinderniß der französischen Macht mehr im Wege gestanden haben. Zwar täuschte sich der Kronprinz von Schweden in Betreff Davoust's, ohne jedoch hierdurch die Verfolgung seiner partikularen Interessen gegen Dänemark in Nord-Deutschland aufzugeben. Seine Verbindung mit den alliirten Mächten hörte thatsächlich seit den Kämpfen in den Ebenen Leipzig's auf, weshalb ihm auch später das Korps Bülow's und die russischen Truppen entzogen wurden.

Napoleon suchte bei Erfurt seine Armee einigermaßen zu retabliren und gab ihr deshalb hier (der Queue) am 24. einen Ruhetag. Die Tete war bereits in Gotha. Auf die Nachricht von dem Halt der Französischen Armee, zog Schwarzenberg die Kolonnen näher aneinander. Kolonne links blieb bei Weimar stehen, Kolonne rechts marschirte von Buttelstedt ebenfalls nach Weimar, so daß die Böhmische Armee hier, 3 Meilen von Erfurt, vereinigt stand. Am folgenden Tage sollte die feindliche Position bei Erfurt rekognoszirt werden.

Blücher dagegen setzte die Umgehung des französischen linken Flügels fort, und zwar wieder durch Gewaltmärsche von 5 Meilen.

Die Reserve-Kavallerie York's mußte die Tete der Armee nehmen; sie erreichte am 24. auf 1½ Meilen von Langensalza Gr.-Urleben, hinter sich die Avantgarde Henckel's, die Division Horn in Kutzleben; die Division Hünerbein in Lütgen-Sömmern, Sacken in Tennstedt, Langeron in Schwerstedt. Die Truppen marschirten größtentheils, um diese entfernten Punkte zu erreichen, bis in die Nacht hinein. Die Schlesische Armee stand hierdurch schon über die nördliche Linie von Erfurt hinaus, obgleich über 3 Meilen von dieser Festung entfernt.

Die Möglichkeit, die Queue der feindlichen Marschkolonne am 26. an dem Defilee von Eisenach zu fassen, ließ den Feldmarschall Blücher zum 25. folgenden Befehl geben:

„Diejenigen Korps, welche heute den 24. bereits Nachmittags in ihren Stellungen eingetroffen sind, setzen morgen mit Tagesanbruch den Marsch nach Langensalza fort. Die sämmtliche Kavallerie geht auf der Straße vor, welche von Langensalza nach Eisenach führt. Diejenigen Korps, die erst nach eingebrochener Nacht ihre heutigen Stellungen erreicht haben, treten um 10 Uhr Vormittags ihren Marsch nach Langensalza an. Die Truppen nehmen dort enge Kantonnirungen, die Korps von York und von Sacken rechts der Straße, die nach Eisenach führt, das Korps von Langeron links dieser Straße. Das Hauptquartier kömmt nach Langensalza."

In Folge dieses Befehls kam die Kavallerie York's jenseits Langensalza bis Tüngeda, die Sacken's bis Gr. Behringen, die Langeron's bis Reichenbach; vor ihr bei Hayna stand die leichte Garde-Kavallerie Lefebvre-Desnouettes und das 5. französische Kavallerie-Korps. Man hatte also auf etwas über 2 Meilen von Eisenach wieder Fühlung mit dem Feinde gewonnen.

Die Korps der Schlesischen Armee hielten in der Umgegend von Langensalza. Ihre Kavallerie war also am Abend dieses Tages bereits auf 5 Meilen über Erfurt hinaus.

Die Rekognoszirung des Feindes bei Erfurt am 25. durch den Fürsten Schwarzenberg, welche gegen Mittag in 2 Abtheilungen nördlich und südlich der Festung bis an die Gera erfolgte, ergab, daß Napoleon seine Stellung daselbst bereits am Morgen zum Marsch über Gotha auf Eisenach verlassen hatte. Nur war eine französische Besatzung zurückgeblieben; Erfurt sollte deshalb cernirt werden. Die Böhmische Armee, welche die Fühlung mit dem Feinde nicht mehr herstellte, wollte Schwarzenberg vom 26. ab in 3 Parallel-Kolonnen dem Rheine zuführen, nämlich Kolonne rechts Wittgenstein über Gotha, Kolonne der Mitte, die österreichischen Korps, weiter südlich über Schmalkalden, und Kolonne links Barclay über Suhl. Kleist blieb vor Erfurt zurück.

Bennigsen hatte mit der Reserve-Armee am 24. und 25. nur den kurzen Marsch von Freiburg bis Rastenberg gemacht, östlich von Kölleda. Hier empfing derselbe den Befehl, wieder Kehrt zu machen und nach Dresden zurückzumarschiren, weil die dortigen russischen Einschließungstruppen von dem Marschall Gouvion St. Cyr bei einem Ausfall zurückgeworfen worden waren, und man nun besorgte, es könne sich derselbe mit den Garnisonen der Elb-Festungen zu einer Operation im Rücken der Verbündeten vereinigen. Bennigsen mußte aber zuvor 12,000 Mann zu dem Korps Wintzingerode (der Nordarmee) detachiren; mit 14,000 Mann rückte er nach Dresden ab.

Am 26. Oktober fand der Zusammenstoß der Schlesischen Armee mit der französischen Rückzugs-Kolonne statt. Am Tage vorher hatte Prinz Wilhelm das Kommando der 2. Brigade übernommen, wodurch die Division Horn wieder in die 2. und 7. Brigade eingetheilt wurde.

Mit der Anschauung von dem untergehenden Stern Napoleon's, glaubte Murat sein Geschick jetzt von dem des Kaisers trennen zu müssen und zu können; er verließ die Armee und eilte ebenfalls schon am 25. in seine Staaten zurück.

Napoleon hatte am 25. sein Hauptquartier in Gotha genommen. Die französische Avantgarde stand bereits in Eisenach, das Gros lagerte um Gotha, die Arrieregarde unter Oudinot östlich von Gotha. Von hier aus ließ Napoleon am 26. den Marsch nach Eisenach fortsetzen.

Blücher befahl für diesen Tag:

„Die Reserve-Kavallerie York's mit ihrer Artillerie bricht mit Tagesanbruch auf, geht gegen den Hörsel-Berg vor, und sucht sich desselben vor dem Feinde zu bemächtigen, und zwar da, wo der Berg gegen das Dorf Burla abfällt. Kann sie auf diesem Punkt von dem Feinde unentdeckt ankommen, so stellt sie sich verdeckt auf und schickt schwache Patrouillen gegen die von Gotha nach Eisenach führende Chauffee vor, um den Marsch des Feindes zu beobachten. Ueber die Stärke und Marschordnung des Feindes sendet Oberst v. Jürgaß von Zeit zu Zeit die nöthigen Meldungen an mich. — Das Korps von Sacken bricht auch mit Tagesanbruch auf, richtet seinen Marsch über Gr. Behringen nach Gr. Lupnitz an der Nesse, und stellt sich dort verdeckt auf. Die Kavallerie dieses Korps vereinigt sich mit der preußischen Reserve-Kavallerie auf dem Hörsel-Berge und nimmt ihre reitende Artillerie mit. — Das Korps von York bricht ebenfalls mit dem Tage auf und rückt über Reichenbach und Gr. Behringen nach Gr. Lupnitz vor, wo es sich verdeckt aufstellt. — Das Korps von Langeron läßt die Wege über Grumbach, Tüngeda und Friedrichswerth rekognosziren und rückt auf denselben mit Tagesanbruch gegen die Nesse vor, sofern sie mit Geschütz zu passiren sind. Im entgegengesetzten Fall geht das Geschütz über Reichenbach. Die Kavallerie dieses Korps rückt ebenfalls auf den Hörsel-Berg und stellt sich hinter den Höhen gegen den Feind verdeckt auf, nimmt aber auch ihre reitende Artillerie mit. Kann die gesammte Kavallerie vor Ankunft der Korps noch etwas von Bedeutung gegen den Feind unternehmen, so muß sie dies nicht unterlassen. — Das Hauptquartier befindet sich bei dem Korps des Grafen Langeron."

Zur Erläuterung dieses Befehls sei hiermit bemerkt, daß die Chauffee von Gotha nach Eisenach die Hörsel an zwei Stellen passirt, nämlich bei Sättelstädt, etwas über 2 Meilen von Gotha, und bei Eicherod, $3/4$ Meilen von Eisenach. Das Dorf Burla liegt $1/4$ Meile nördlich von Sättelstädt, und das Dorf Gr. Lupnitz $1/2$ Meile nördlich von Eicherod. Der Hörsel-Berg, der rechte Thalrand der Hörsel, ist die Scheide zwischen Nesse und Hörsel und tritt bis nahe an Sättelstädt heran. Hier also sollte die Kavallerie mit der reitenden Artillerie dem von Gotha kommenden Feinde zuerst entgegentreten, während der Infanterie diese Aufgabe, näher an Eisenach heran, von Gr. Lupnitz gegen Eicherod vorbehalten blieb. Die bereits vorgeschobene Kavallerie mußte auch früher mit dem Feinde in Berührung kommen, da die Infanterie von Langensalza her bis Gr. Lupnitz noch 3 Meilen zurückzulegen hatte. Auch von Gotha nach Eicherod beträgt die Distance 3 Meilen, und fast 4 Meilen bis Eisenach. Man sieht, wie das Zusammentreffen an diesem Tage von gleicher Marschgeschwindigkeit abhängig wurde. Nur die französische Arrieregarde konnte, wenn sie mit ihrem Abmarsch zögerte, der Gefahr ausgesetzt sein, von der Chauffee südwärts in den Thüringer Wald geworfen zu werden. Die in Erfurt noch weit entfernte Böhmische Armee blieb durch ihren heutigen Abmarsch von dort ohne allen Einfluß auf die Ereignisse zwischen Gotha und Eisenach.

Jürgaß erschien am Vormittag des 26. Oktober mit der Reserve-Kavallerie zuerst am Nordfuß des Hörsel-Berges bei Hastrungsfelde. Die

Franzosen hielten zum Schutz des Defilees bei Sättelstädt die Gebüsche des Hörsel-Berges mit Tirailleurs besetzt; ihre Kavallerie war bereits aus diesem Terrain abmarschirt. Mit dem Kartätschfeuer seiner reitenden Geschütze trieb Jürgaß die feindlichen Schützen auf und über den Berg zurück, dessen südlicher Abhang für die Verfolgung des weichenden Feindes mit Kavallerie zu steil war. Indessen sah der Oberst von der Höhe aus das Bivouak des Feindes jenseit der Hörsel bei Sättelstädt, als Aufnahmeposten der von Gotha im Anmarsch befindlichen Divisionen Oudinot's. Auch Bertrand war mit dem 4. Korps noch zurück. Einige Granaten von dem Hörsel-Berge aus in das Bivouak geworfen, erregten dort die äußerste Verwirrung. Der Feind brach sogleich von hier auf und marschirte nach Eicherod. Ohne Infanterie konnte indessen Jürgaß nicht direkt ins Thal hinuntersteigen. Er machte deshalb Kehrt und suchte im Bogen von Osten her Sättelstädt zu erreichen. Am Nachmittag gelang ihm dies; allein Oudinot hatte das Defilee bereits passirt. Jürgaß verfolgte den Feind nach Eicherod zu bis Kälberfeld. Bertrand, der sich bis gegen Mittag in Gotha aufgehalten, führte sein Korps südlich der Straße über Waltershausen nach dem Thüringer Walde. Die russische Kavallerie war bei Burla halten geblieben.

Heftiger wurde das Infanterie-Gefecht bei Eicherod. Die Korps von York und Sacken waren gegen Mittag bei Gr. Lupnitz eingetroffen. Blücher befahl den Angriff in der Richtung auf Eicherod, nachdem er vom Hörsel-Berge her die Meldungen des Obersten Jürgaß erhalten. Die Division Hünerbein hatte die Tete. Die Wege waren grundlos, die Truppen sehr erschöpft. Horn wurde als Reserve zurückgehalten; ebenso Sacken. Hünerbein rückte soweit gegen Eicherod vor, daß er mit seinen Geschützen die Chaussee im Thal der Hörsel unter Feuer nehmen konnte. Zahlreiche Schwärme feindlicher Tirailleurs suchten die Geschütze zu vertreiben. Es entspann sich hier bis in die Dunkelheit hinein ein Gefecht, welches der Division Hünerbein 28 Todte und 280 Verwundete kostete. Die Reserven wurden nicht verwendet. Für die Nacht blieben die Feldwachen nördlich von Eicherod stehen; die Division wurde etwas zurückgenommen.

Diese Nacht war ungemein beschwerlich. Sturm und Regen ließen die Bivouaksfeuer immer wieder verlöschen. Die Kälte war so groß, daß drei Landwehrmänner erfroren.

Ein Tagebuch schildert die Beschwerden der letzten 4 Tage in folgender Art:

„Die Märsche, theils auf sehr schlechten Gebirgswegen, theils über aufgeweichte Thonäcker, waren mit unbeschreiblichen Mühseligkeiten verknüpft, und für den Zustand der Truppen sehr nachtheilig. Wo diese Hindernisse den Marsch am Tage aufhielten, da mußte derselbe, um den Feind noch zu erreichen, in der Nacht zum Verderben der Mannschaften nachgeholt werden. So ereignete es sich, daß beim besten Willen und der höchsten Hingebung, die Bivouaksplätze nur von dem kleineren Theil der Soldaten erreicht wurden, die ohne Gefühl für Nahrung auf den kalten Boden todtmüde hinsanken. Lagerbedürfnisse konnten nur durch die größte Energie der Offiziere herbeigeschafft werden. Zum Abmarsch am folgenden Tage hatten sich denn doch wieder Alle gesammelt. Der 26. Oktober war der letzte, aber auch der schlimmste dieser schlimmen Tage."

Auch dem stärksten leitenden Willen hängen sich in der Noth des Krieges solche Verhältnisse wie Bleigewichte an, die seine volle Entwickelung hemmen und stören. Dennoch bleibt die Forderung feststehen, daß sie im Interesse des höheren Kriegszwecks überwunden werden müssen.

Die Kosaken der Schlesischen Armee hatten im Laufe des Tages gegen 2000 Gefangene eingebracht.

Am 27. Oktober früh Morgens räumte die französische Arrieregarde Eicherod und bald darauf auch Eisenach, um nach Berka und Vach über die Werra zurückzuweichen. Die Tete der Armee gelangte an diesem Tage schon bis Fulda, wo Czernyschew mit seinen Kosaken sie empfing, und ihr dann nach Mainz vorausging.

Vielleicht aber war es für die Schlesische Armee noch möglich, das Korps von Bertrand abzuschneiden. Blücher faßte den Plan dazu ins Auge und dirigirte das Korps von York über Eisenach, südwärts gegen Barchfeld, während Sacken den Feind auf Berka und Langeron ihn über Marksuhl auf Vach verfolgen sollte.

Bertrand hatte in der That gestern und heute den Weg von Waltershausen über Ruhla und Waldfisch nach Tiefenort, 1½ Meilen östlich von Vach verfolgt, um dort wieder den Anschluß an Oudinot herzustellen. Bei Waldfisch passirte das Korps die Straße von Eisenach nach Barchfeld. York hatte also die richtige Direktion erhalten. Allein der üble Zustand des Korps nach den Anstrengungen der letzten Tage veranlaßten ihn, bei Eisenach einen Halt zu machen, durch den der französische General Zeit gewann, die für ihn so gefährliche Stelle vor der Ankunft York's zu überschreiten. Den vorausgeeilten preußischen Ulanen blieb nur die Meldung übrig, daß Bertrand bereits entkommen sei. Am Abend hatte die Reserve-Kavallerie bis auf ½ Meile von Barchfeld Gumpelstadt erreicht; hinter ihr bivouakirte das Korps bei Waldfisch und Etterwinden an der Straße von Eisenach.

Sacken kam bis Berka, Langeron mit der Tete nur bis Marksuhl. Blücher blieb in Eisenach. Da jetzt die letzte Wahrscheinlichkeit geschwunden war, Theile der Französischen Armee auf ihrem beschleunigten Rückzuge nach dem Rhein zu treffen, so gestattete Blücher, daß die Korps vom 28. ab immer Marschquartiere beziehen dürften.

Nach Kassel detachirte der Feldmarschall das Korps von St. Priest, welches zu dem Korps des Grafen Langeron gehörte. St. Priest kam am 27. bis Kreutzburg an der Werra, nördlich von Eisenach. Er sollte in den folgenden Tagen seinen Weg über Waldkoppel nach Kassel fortsetzen, von wo König Jerôme schon am 26. Oktober nach Frankreich entflohen war. Eine französische Division von 6000 Mann Ersatztruppen unter General Rigaud verließ Kassel ebenfalls in der Richtung auf Paderborn. Die Avantgarde St. Priest's rückte schon am 29. in Kassel ein, am 30. das Gros seines Korps, mit ihm auch der Kurprinz von Hessen-Kassel. St. Priest durfte einige Tage in Kassel ruhen, um den Bekleidungszustand seines Korps zu verbessern.

Am 28. Oktober blieb Blücher in Eisenach; York durfte schon in Barchfeld und Salzungen stehen bleiben; Sacken ruhte in Berka, und Langeron marschirte bis Marksuhl, seine Avantgarde bis Vach. Bertrand gewann an diesem Tage schon einen Vorsprung von 3 Meilen bis in die Gegend von Hünfeld.

Für den 29. und 30. Oktober beschloß Blücher die Korps von Sacken und York wieder näher an die Hauptstraße heranzuziehen. Sacken sollte am 29. nach Friedewald, am 30. nach Rothenkirchen marschiren, York nach Lengsfeld und Hünfeld, Langeron behielt die Mitte nach Vach und Burghaun, woselbst die 3 Korps auf einer Meile Frontausdehnung sich wieder in gleicher Höhe befanden. Blücher fügte seinem Befehl hinzu:

„... Die Avantgarden bleiben an dem Feinde, ohne auf die Distancen Rücksicht zu nehmen, mit welchen sie von ihren Korps abkommen. Es ist wichtig zu wissen, ob der Feind auf der Frankfurter Straße bleibt, oder sich gegen Gießen wendet."

In Uebereinstimmung hiermit rückten schon am 29. Abends die Kosaken Langeron's in Fulda ein, am 30. Mittags dessen Avantgarde unter General Rudzewitsch. Jenseits Fulda wurde die Spur der Franzosen wieder aufgefunden. Aber freilich die Auflösung aller Ordnung hatte bereits furchtbar bei dem Feinde zugenommen.

Die große Straße bot durchweg einen Entsetzen erregenden Anblick dar. Todte oder erstarrte Menschen und Pferde, zerbrochene Geschütze und Wagen lagen überall umher. Halbverhungerte Nachzügler schleppten sich nur mühsam fort, und flehten die Mildthätigkeit ihrer Gegner um ein Stück Brod an. Ueberläufer trafen fortwährend in Menge ein, und die Kosaken machten auf jedem Schritt Gefangene. Umstände der Art erklären es, wie Napoleon auf dem Rückzuge bis zum Rhein 30,000 Mann verlieren konnte.

York hatte unter Anderem folgenden Spezial-Befehl gegeben:

„.... Die Brigaden müssen sich versammeln und bis nach dem Centralpunkt ihrer Kantonnirungen zusammenmarschiren, um dort erst dislocirt zu werden. Da die Nebenwege überall schlecht sind, auf der Chaussee aber keine Quartiere existiren, so müssen die Truppen sich keine Mühe verdrießen lassen, ihr Geschütz und übriges Fuhrwerk mit durchzubringen, und muß es dort aufgestellt werden, von wo es am leichtesten wieder abgefahren werden kann."

Die Märsche am 29. und 30. wurden nach dem Befehl ausgeführt.

Vom 26. bis 30. Oktober folgte die Böhmische Armee aus der Gegend von Erfurt, mit der Kolonne rechts bis Berka, mit der mittleren Kolonne bis Salzungen, und mit der Kolonne links bis Meiningen. Sie befand sich also auch jetzt noch auf 4 Meilen und darüber hinter der Schlesischen Armee. Schwarzenberg glaubte, Napoleon werde die Straße nach Mainz verlassen, um den Zusammenstoß mit den Bayern zu vermeiden und nach Koblenz auszuweichen. Auch Blücher hielt diese veränderte Marschrichtung des Feindes für wahrscheinlich. Daraus entstanden neue Marsch-Anordnungen für die Böhmische und für die Schlesische Armee.

Wir erinnern daran, daß der König von Bayern am 8. Oktober mit Oesterreich den Vertrag von Ried abgeschlossen hatte, durch welchen derselbe das Bündniß mit Napoleon verließ. Ein bayerisches Armee-Korps von 24,000 Mann unter Wrede vereinigte sich in Folge dessen an der Traun mit einem österreichischen Korps von gleicher Stärke; beide Korps überschritten am 14. Oktober den Inn bei Braunau und Schärding und marschirten über Ingolstadt nach dem Main, in der Absicht auf die Kommunikationslinie des Feindes von Fulda über Frankfurt nach Mainz zu wirken. Frimont führte die Oesterreicher unter Wrede's Oberbefehl.

Am 21. Oktober erhielt Wrede durch den Fürsten Schwarzenberg die Nachricht von dem Siege bei Leipzig am 18. Oktober, mit der Aufforderung, um nun so mehr zu eilen, um Napoleon's Verbindung mit Mainz zu unterbrechen. Auch der König von Württemberg hatte sich nach der Niederlage Napoleon's bereit erklärt, von dem französischen Bündniß abzufallen und demgemäß am 23. Oktober mit Wrede eine Konvention abgeschlossen, nach welcher 4000 Württemberger am 29. Oktober in Aschaffenburg zu seiner Disposition stehen sollten.

Am 24. Oktober erschien Wrede vor Würzburg, welches General Thurreau mit nur 3000 Mann besetzt hielt, und hier zwei Tage lang Widerstand leistete, am 26. Nachmittags zwar die Stadt übergab, aber sich in die Citadelle zurückzog und diese zu behaupten enschlossen war. Drei Bataillone blieben zur Belagerung zurück. Voranstreifende Kosaken stellten schon am 26. Oktober die Verbindung zwischen den Verbündeten und den Bayern bei Würzburg her. Wrede erfuhr dadurch, daß die Französische Armee im Marsch auf Fulda sei, von wo sie zwar über Gelnhausen auf Frankfurt und Mainz, aber auch über Gießen auf Koblenz marschiren konnte.

Wrede beschloß, seine kombinirte Armee bei Aschaffenburg zu konzentriren. Das Uebersetzen über den Main unterhalb Würzburg nahm viel Zeit fort. Am 28. Oktober Nachmittags traf das Gros bei Aschaffenburg ein, während die bayerische Avantgarde Hanau besetzte und hier bereits ein Rencontre mit französischer Kavallerie hatte. In Aschaffenburg erhielt Wrede die falsche Nachricht, daß nur eine feindliche Kolonne von 20,000 Mann sich auf der Straße nach Frankfurt befände, Napoleon sei in der That mit dem Gros über Wetzlar auf Koblenz ausgewichen. Wrede hielt es für möglich, sich nicht nur dieser Kolonne vorlegen, sondern auch auf Wetzlar operiren zu können. Am 29. Oktober marschirte er nach Hanau; die Avantgarde ging gegen Gelnhausen vor. In diesem entscheidenden Augenblicke schwächte Wrede seine Armee durch Detachirungen. Die württembergische Brigade war in Aschaffenburg zurückgeblieben, eine Division wurde nach Frankfurt geschickt, während die Avantgarde unter General Volckmann, ohne Geschütze, mit 12 Eskadrons und einem Bataillon das Defilee der Kinzig bei Gelnhausen auf 3 Meilen von Hanau besetzte. Hier stieß Sebastiani mit der französischen Kavallerie auf Volckmann, der noch in der Nacht vom 29. zum 30. Oktober wieder nach Hanau zurückwich. Hinter Sebastiani folgte Macdonald mit den Resten des 5. und 11. Korps, die alte Garde, die Polen und fast die gesammte Kavallerie. Diese Masse ging noch über Gelnhausen hinaus bis Langenselbold, wo Napoleon sein Hauptquartier nahm. Das nächste französische Echelon waren die Korps von Victor und Augereau in Gelnhausen, weiterhin in Saalmünster Marmont mit dem 3. und 6. Korps und Bertrand mit dem 4. Korps, endlich die Arrieregarde unter Oudinot in Steinau und Flieden, über 8 Meilen von Hanau und 2 Meilen von Fulda.

Wrede hatte jetzt nur noch etwa 30,000 Mann zur Stelle. Er beschloß, den Franzosen den Weg zu verlegen und am 30. Oktober die Schlacht bei Hanau anzunehmen, immer noch in der Meinung, daß er es nur mit einem Theil der französischen Armee zu thun habe und daß Napoleon persönlich nicht gegenwärtig, sondern im Marsch auf Wetzlar sei. Erst im Laufe des 30. Oktober wurde dem General die wahre Sachlage klar.

Am 30. Oktober Abends wissen wir die Schlesische Armee um Hünfeld, noch 13 Meilen von Hanau, und die Böhmische Armee bei Meiningen, noch 18 Meilen von dem Schlachtfelde bei Hanau entfernt. Napoleon warf den General Wrede mit Verlust aus seinem Wege heraus und setzte den Marsch nach Frankfurt fort. Die Bayerische Armee wich auf dem Wege von Hanau nach Aschaffenburg zurück. Die nach Frankfurt detachirte Division zog sich nach Sachsenhausen auf das linke Main-Ufer zurück, und machte dadurch auch dort den Weg für Napoleon frei. Erst am Abend des 31. Oktober räumten die Franzosen Hanau. Wrede war verwundet worden.

Die Nachricht von diesen Ereignissen erreichte erst später die Hauptquartiere der Schlesischen und Böhmischen Armee. Wir haben aber hieraus gesehen, wie allgemein die Voraussetzung verbreitet war, Napoleon werde das Gros seiner Armee nicht bei Mainz, sondern viel weiter unterhalb über den Rhein führen. Um deshalb mit ihm wieder Fühlung zu gewinnen, befahl Blücher am 31. Oktober den Marsch der Korps von Sacken und Langeron auf Gießen und Wetzlar, und nur York sollte vorläufig dem Feinde auf der großen Straße über Fulda folgen.

Der Befehl lautete:

„Das Korps von Sacken marschirt am 31. Oktober über Schlitz nach Lauterbach, den 1. November nach Grünberg, den 2. November nach Gießen. Das Korps des Grafen Langeron den 31. nach Kl. Lüder, westlich von Fulda. Das Korps von York rückt den 31. früh Morgens (vor den Russen) über Fulda nach Neuhof (1½ Meilen südlich von Fulda), den 1. November nach Saalmünster. Das Hauptquartier kommt den 31. nach Fulda. Die 4 Kosaken=Regimenter des Korps Langeron sollen am Feinde bleiben, bis sie Hanau erreicht haben, und dafür Sorge tragen, daß möglichst genaue und schnelle Nachrichten über eine etwanige Abänderung der Marschrichtung des Feindes eingehen."

Schwarzenberg war mit dieser nördlichen Marschdirektion Blücher's nicht nur ganz einverstanden, sondern er hatte sie auch dringend gewünscht, da er dem Kaiser Franz den Einzug in Frankfurt als Befreier Deutschlands verschaffen wollte und die Schlesische und Böhmische Armee allerdings auf ein und derselben Hauptstraße, schon aus Rücksichten der Verpflegung nicht verbleiben konnten. Freilich kam die Schlesische Armee dadurch wieder auf schlechte Gebirgswege, doch in eine nicht so ausgesogene Gegend, die namentlich reichlichere Fouragemittel für die Kavallerie besaß. Zu seinem selbstständigen Entschluß fühlte sich Blücher durch den Blick auf die Fortsetzung der Operationen jenseit des Rheins veranlaßt. Diese weitreichenden Gedanken des Hauptquartiers spricht Gneisenau von Fulda aus in einem Bericht an den König unter dem 31. Oktober in folgender Art aus:

„Die schnelle Flucht des Feindes gegen den Rhein und dessen Rückzug von Kassel lassen nun daran denken, die zwischen dem Rhein und der Elbe liegenden Provinzen militairisch zu benutzen und deren Kräfte gegen den Feind zu verwenden. Zu diesem Zweck ist dem Staatsrath Ribbentrop, der diese Provinzen genau kennt, aufgetragen, die Behörden derselben darauf vorzubereiten, daß sie eine starke Rekruten=Aushebung einleiten, um damit Ew. Majestät Truppen zu verstärken, welche Maßregel bei dem Geiste, der die Truppen beseelt, vorzüglicher ist, als die Bildung ganz neuer Regimenter, wozu es überdies an Offizieren fehlen würde.

Den englischen Gesandten General Stewart habe ich bereits aufmerksam auf die Nothwendigkeit gemacht, Waffen und Ausrüstung für diese neue Truppen=Aushebung in Bereitschaft zu halten. Er hat mir geantwortet, daß er zu Stralsund für 40—50,000 Mann Waffen und Kleidungsstücke bereit liegen habe, und daß ich nur einen Offizier absenden dürfe, um diese Militaireffekten sogleich in Empfang zu nehmen.

Der Bekleidungszustand des 1. Armee-Korps (York), besonders dessen Landwehr, ist so sehr schlecht und mitleidenswerth, und hat dasselbe sogar noch nicht an den Bekleidungen, die anderen Armee-Korps zugeflossen sind, Theil genommen, daß ich geglaubt habe, mit der Annahme des Anerbietens von Seiten des Generals Stewart nicht säumen zu dürfen, sondern alsbald einen Offizier abzuordnen, der diese Gegenstände in Besitz und Empfang nehme. Er wird binnen Kurzem abgehen. Ich halte dafür, daß die Wendung des Krieges erlaube, diese Gegenstände nach Braunschweig zu schaffen.

..... Wenn für die kriegführende Armee der einfachste Feldzugs= plan gewählt wird, so nämlich, daß zwei Armeen am Ober= und Mittel= Rhein, eine dritte am Nieder=Rhein und eine vierte in Holland eindringt, so führt die Schlesische Armee ihre jetzige Stellung über den Nieder= Rhein in die Richtung auf Maestricht. Wird ihr diese Rolle zugetheilt, so kann sie ihren Waffenplatz vor der Hand in Braunschweig anlegen.

Es sind uns Nachrichten über die französischen Festungen zuge= gangen, woraus hervorgeht, daß diese durchaus schlecht mit denjenigen Gegenständen versehen sind, welche einer kräftigen Vertheidigung nicht fehlen dürfen. Es ist dem Feinde unmöglich, in der jetzigen Krisis zugleich neue Armeen zu erschaffen, und seine zu zahlreichen Festungen mit Besatzungen und anderen Vertheidigungsmitteln zu versehen. Thut er das Erstere allein, so werden seine Festungen fallen; thut er das Letztere, so bleiben ihm keine Truppen zum Feldgebrauch übrig, da der Festungen so viele sind, daß Alles, was er an Conscribirten jetzt auftreiben kann, nicht hinreicht, um die Besatzungen zu bilden. Es kommt demnach jetzt nicht sowohl, wie Mancher rathen möchte, darauf an, die französischen Festungen zu vermeiden, sondern vielmehr darauf, solche Stellungen zu wählen, von wo aus man so viel Festungen als möglich bedrohe, um den Feind zu nöthigen, für alle zu sorgen. Ein solcher Punkt ist die Gegend von Maestricht. Man schneidet, wenn man sich dort bewegt, die holländischen Festungen von denen des alten Frankreich ab, und nöthigt wahrscheinlich den Feind, jene Preis zu geben, um diese zu beschützen. Auf diese Weise dürfte die Eroberung von Holland nicht schwer werden, und wir im Stande sein, uns am Nieder=Rhein bald eine solide Operations=Basis zu bilden. Wenn daher Ew. Majestät genehmigen, daß die Schlesische Armee ihre Richtung nach dem Nieder= Rhein nehmen darf, so wird sie wahrscheinlich im Stande sein, auf eine entscheidende Art zur Eroberung eines ehrenvollen und sicheren Friedens mitzuwirken."

Wir ersehen aus diesem Schreiben, daß Gneisenou schon Ende Oktober des Jahres 1813 der Ansicht war und sie seinem Könige vorlegte:

1. Daß der Krieg am Rhein nicht zum Stillstande kommen dürfe, sondern sogleich über denselben hinaus fortgesetzt werden müsse.

2. Daß der Schlesischen Armee mit den preußischen und russischen Truppen, wie bisher, ihre selbstständige Operations-Stellung zu belassen sei.

3. Daß dieser Armee durch eine einleitende Bewegung auf Maestricht die Eroberung von Holland und demnächst das Eindringen in das nördliche alte Frankreich zuzuweisen sei.

Rasche, energische Entschlüsse dieser Art würden den Feldzug von 1814 auf ein viel geringeres Zeitmaß abgekürzt haben; allein so schnell sollte die allgemeine politische Sachlage der Coalition die Entwicklung der Operationen und die Ausbeutung des Sieges von Leipzig nicht gestatten. Erst im scharfen Widerstreit der politischen Ziele und der strategischen Meinungen konnte der neue Operationsplan für die Fortsetzung des Krieges jenseits des Rheins langsam und nach einem viel schwächeren Maßstabe geboren werden.

Die für den 31. Oktober befohlenen Marschquartiere wurden von den Korps erreicht. Die Kosaken rückten am Vormittag in Steinau ein, als kurz vorher die französische Arrieregarde von dort abmarschirt war.

Zum 1. November änderte Blücher seinen Entschluß in Betreff der Marschdirektion des Korps von York. Die Nachricht von Schwarzenberg, daß die Böhmische Armee auf Frankfurt vormarschiren werde, und mit den österreichischen Armee-Korps, der mittleren Kolonne, bereits die Straße nach Fulda verfolge, veranlaßte den Feldmarschall dem Korps York's ebenfalls die Richtung auf Gießen zu geben. Am 3. November sollte dasselbe zwischen Gießen und Lych eintreffen. York marschirte nun von Neuhof rechts ab über Krainfeld a. d. Lüder und Schotten a. d. Nidda nach Münster und Lych in die Gegend von Gießen, während er die Avantgarde und Reserve-Kavallerie über Saalmünster, Nidda und Hungen nach Lych sandte. Die Reserve-Artillerie des Korps blieb am 1. November in Fulda zurück, und folgte dann dem Korps Langeron's nach Gießen.

York befahl unter Anderem:

„Alles was die Truppen zurückhaben und nicht nahe heran ist, muß von Fulda über Lauterbach nach Gießen dirigirt werden." Ferner: „Da noch viele feindliche Truppen in dieser Gegend zerstreut sind, so werden die Quartierstände wachsam sein, auch die feindlichen Traineurs anhalten und mit sich nehmen, bis sie an einem schicklichen Platz zusammen abgeliefert werden können. Sollten die Wege so schlecht sein, daß die Brigaden ihr Geschütz nicht durchbringen können, so lassen sie das Zurückbleibende unter Bedeckung und melden es jeden Tag an mich."

Allerdings waren die Wege sehr schlecht, so daß namentlich die Artillerie an Pferden und Fahrzeugen Verluste erlitt. Die Reserve-Kavallerie brachte von ihren beiden Batterien nur 7 Geschütze nach Lych. Die Division Hünerbein mußte einmal drei Geschütze, einen Granat- und einen Vorrathswagen stehen lassen. Indessen war doch die Schlesische Armee am 3. November Abends um Gießen vereinigt, die Straße von Fulda nach Frankfurt also vollständig geräumt. Langeron's Korps war über Herbstein und Ulrichstein nach Gießen marschirt, wohin auch Blücher am 3. November sein Hauptquartier verlegte.

Da die Schlesische Armee seit dem 14. Oktober ohne einen eigentlichen Ruhetag ununterbrochen marschirt war und zum größten Theil unter den schwierigsten Verhältnissen, so befahl der Feldmarschall, daß sie bis zum 7. November in ausgedehnteren Kantonnements um Gießen einige Ruhetage haben solle.

Um dieselbe Zeit erreichte die Böhmische Armee Frankfurt am Main und die Umgegend daselbst.

Kolonne rechts, Wittgenstein, traf von Berka an der Werra über Hersfeld an der Fulda, Alsfeld, Grünberg und Hungen am 4. November in Friedberg ein, 3½ Meile nördlich von Frankfurt und bezog hier Kantonnirungen.

Kolonne links, Barclay, hatte zur Umgehung der Gebirge einen weiten Umweg nach Süden zu machen, nämlich von Meiningen in zwei Kolonnen über Neustadt, Münnerstadt nach Schweinfurt und über Bischofsheim, Brückenau nach Hammelburg. Dann wandten sich beide Kolonnen westlich nach Gemünden am Main und Aschaffenburg. Von Gemünden ließ Kaiser Alexander, um der Erste in Frankfurt zu sein, die russische und die preußische Kavallerie (7500 Pferde) ausgreifen; — sie gelangte in der That den 4. November bis Aschaffenburg, den 5. November schon bis Frankfurt, während das Gros dieser Kolonne erst am 6. und 7. November in Aschaffenburg Kantonnements bezog. Kaiser Alexander hatte seinen Zweck einen Tag vor Ankunft der Oesterreicher unter großem Pomp an der Spitze seiner Kürassiere erreicht.

Die mittlere Kolonne mit dem Kaiser Franz und dem Fürsten Schwarzenberg traf über Hünfeld, Fulda und Saalmünster den 6. November in Frankfurt ein. Kaiser Alexander machte die Honneurs eines feierlichen Empfangs.

Der König war bereits früher nach Berlin zurückgekehrt.

Am 3. November veranlaßte Blücher in Gießen eine neue Berathung mit Gneisenau und Müffling über die weiteren Operationen, da man jetzt schon den Ausgang der Schlacht bei Hanau kannte und die Situation Napoleons vollständiger übersehen konnte. Die ursprüngliche Absicht, eine direkte Einwirkung auf die französische Armee noch diesseits des Rheins zu suchen, mußte aufgegeben werden; dagegen trat nun das nächste Ziel eines Rhein-

Ueberganges um so mehr in den Vordergrund. Das Resultat dieser Berathungen spricht Blücher selbst in seiner Anzeige an den König, datirt Gießen den 3. November, aus und zwar unter theilweiser Wiederholung der von Gneisenau schon am 31. Oktober aus geäußerten Ideen und Pläne.

„Ew. Majestät melde ich allerunterthänigst, daß **heute** der größte Theil der Schlesischen Armee hier eintrifft; jedoch die Artillerie bei den über alle Begriffe schlechten Gebirgswegen von Fulda auf Gießen noch zurück ist, und erst bis Morgen wird eintreffen können. Da ich die große Straße auf Frankfurt habe verlassen müssen, um der großen Armee Platz zu machen, so habe ich auch keinen Feind mehr vor mir, und da die Armee seit dem 26. September unaufhörlich im Marsch ist, und nicht so viel Zeit gehabt hat, die ihr folgenden Schuhe und sonstige Transporte an sich zu ziehen, so ist es unumgänglich nöthig, ihr einige Tage Ruhe zu geben, um sich zu retabliren. Dann werde ich unverzüglich von hier gegen Cöln an den Nieder=Rhein marschiren, um **so schnell als möglich überzugehen** und die Eroberung von Holland unterstützen zu können, welche Ew. Majestät, wie ich vermuthe, einem Theil der Nordarmee übertragen werden.

Es würde sehr zweckmäßig sein, **Coblenz** durch eine Abtheilung der großen Armee dergestalt **befestigen** zu lassen, daß die Kommunikation des Feindes zwischen Mainz und dem Nieder=Rhein rückwärts verlegt werden müßte, — und wenn es gelänge, auch in **Trier** einen Posten zu etabliren, so würde der Feind seine Kommunikationslinie bis an die Maas zurücklegen müssen.

Wenn Ew. Majestät dies anzuordnen geruhen, so sehe ich nicht ein, was mich verhindern könnte, einen Theil der Niederlande zu überschwemmen, und dadurch die Eroberung Holland's zu erleichtern, welche nach meiner unmaßgeblichen Ansicht, nebst der Eroberung von Italien, jetzt die Hauptoperationen sind. Obgleich zu vermuthen ist, daß der Feind nach seinem Rhein=Uebergange sogleich Truppen nach Holland detachiren wird, so können diese doch nicht früher als die Nordarmee daselbst ankommen, und es ist zu erwarten, daß die Stimmung der Holländer aufs Wenigste den **Fall** mehrerer der so schwach besetzten Festungen herbeiführen wird.

Nöthigen wir den Feind, der so lange er am rechten Ufer des Rheins operirte, keine seiner vielen Festungen mit Garnisonen zu versehen brauchte, sie zu besetzen, so wird er zu schwach, um im Felde gegen uns zu erscheinen, — und will er sich im Felde halten, so verliert er Festungen.

Ew. Majestät höchste Befehle erwarte ich allerunterthänigst."

Um diese Gedanken auch von seinem Standpunkte aus auf einem anderen Wege zu unterstützen, schrieb Müffling an demselben Tage an den General=Adjutanten des Königs, Knesebeck:

„.... Jetzt läßt sich Napoleons Lage übersehen. Gehen wir schnell auf Holland los und mit Kraft über den Rhein, so muß die Eroberung von Holland in zwei Monaten vollendet, und ein dauerhafter Friede sein. Bleiben wir diesseits stehen und lassen uns von Unterhandlungen hinhalten, — ich meine, sie können ihren Gang fortgehen, wenn wir auch über den Rhein sind, — so prophezeie ich eine blutige Kampagne pro 1814. Napoleon ist in der schrecklichsten Lage, in welcher er je war. Ich bin begierig zu sehen, wie sein Genie sich herausziehen wird."

Indessen ohne die Genehmigung des Königs konnte Blücher die Schlesische Armee nicht über den Rhein führen, wo es auch sein mochte. Die Fortsetzung des Marsches von Gießen war dagegen selbstredend und entsprach der allgemeinen Situation und der selbstständigen Handlungsweise, die dem Feldmarschall eingeräumt war.

Aus diesen Gründen wurde in Gießen ein Marsch=Tableau für die drei Korps entworfen, nach welchem dieselben vom 7. bis 14. und 15. November die Gegend von Mühlheim am Rhein bei Cöln erreichen sollten, und zwar als östliche Kolonne das Korps von Langeron über Dillenburg und Siegen nach Mühlheim, als westliche Kolonne die Korps von Sacken und York an der Lahn abwärts über Wetzlar, Braunfels, Weilburg, Hadamar und Limburg, dann nördlich über Altenkirchen und Siegburg nach Mühlheim. York sollte dem Korps Sacken's folgen, und die ganze Armee am 10. November einen Ruhetag haben. Auch das Korps von St. Priest erhielt die Weisung, sich von Kassel über Siegen an Langeron wieder heranzuziehen.

Kosaken=Abtheilungen der Schlesischen Armee waren schon am 3. November bei Ehrenbreitstein vor Coblenz erschienen und meldeten am 5. November, daß der Feind das rechte Rhein=Ufer verlassen habe. Sie wurden angewiesen stromabwärts zu marschiren und von Bonn bis Mühlheim alle aufzutreibenden Schiffe mit Beschlag zu belegen und nach Mühlheim zu schaffen.

Blücher's Hauptquartier schloß sich der westlichen Kolonne an.

Am 7. November setzte sich die Armee aus der Gegend von Gießen in Bewegung.

Gneisenau war von Gießen nach Frankfurt gegangen, um dort für die strategischen Pläne Blücher's im Rath der Monarchen zu wirken.

Die erste Konferenz für den Zweck der Berathung über die Fortsetzung der Operationen hielt Kaiser Alexander am 7. November, zwei Tage nach seinem Einzuge in Frankfurt, in Gegenwart Schwarzenberg's ab; auch Gneisenau wurde zugezogen. Ebenso war Knesebeck zugegen.

Nicht ein fester Plan, aber doch die leitenden Gedanken traten hier schon mit ihren weitabliegenden Zielen hervor. Verbündete Armeen leiden überhaupt an einem Mangel, der nach der Natur der Sache nie von ihnen ab=

zustreifen ist, so lange sie mit gleicher Berechtigung nebeneinander stehen. Es fehlt ihnen die Einheit des Willens. Die Verschiedenheit ihrer politischen Interessen hemmt die rasche Entwickelung militairischer Operationen. Politische Differenzen sind reale Mächte, mit welchen die Strategie rechnen muß, um durch gegenseitige Konzessionen der Energie des Kriegszwecks so nahe wie möglich zu kommen.

Oesterreich fand seine Interessen weder in Holland, noch in der raschen Ueberschreitung des Rheins, sondern in Ober-Italien und in der Schweiz. Gelang es der österreichischen Regierung, ihre verlorenen Provinzen in Italien wieder zu gewinnen — (und Bellegarde war dort entschieden im Vortheil gegen Eugène Beauharnais) —; vermochte sie ferner ihren politischen Einfluß in der Schweiz herzustellen: — so hatte sie auch ihre Zwecke des Feldzuges von 1813 erreicht. Oesterreich sah im Rhein, in den Alpen und Pyrenäen die sogenanten natürlichen Grenzen Frankreichs. Es kam nach seiner Meinung nur darauf an, Friedensbedingungen der Art dem Kaiser Napoleon durch Unterhandlungen annehmbar zu machen. Rußland und Preußen dagegen konnten das letzte Ziel eines großen nationalen Aufschwunges und eines langen und blutigen Krieges so eng und klein nicht auffassen.

Indessen Ober-Italien mußte doch erst zurückerobert und in der Schweiz das Uebergewicht der französischen Politik gebrochen werden. Deshalb durfte Fürst Schwarzenberg, in Uebereinstimmung mit den diplomatischen Direktiven Metternich's, sich bereit erklären, an der Spitze einer Hauptarmee nach der Schweiz abmarschiren zu wollen, und zwar zunächst, um die Schweiz von Basel bis Genf zu occupiren, auch wenn möglich mit den am Var erscheinenden österreichischen Truppen Bellegarde's in Verbindung zu treten; — demnächst aber einen strategischen Druck auf die Entschließungen Napoleon's zum Frieden durch eine spätere Operation von Basel nach dem Plateau von Langres auszuüben. Das österreichische Hauptquartier hoffte in der Richtung nach Langres, der Wasserscheide zwischen den Stromgebieten der Saone und Seine, die französische Feldarmee nicht zu finden, und dennoch den Kaiser Napoleon durch die Erreichung jenes geographischen Punktes zum Frieden geneigt zu machen. Die Vorstellung von der Möglichkeit, einen Krieg zu beendigen ohne Niederwerfung der feindlichen Streitkräfte, — besonders einem Charakter und Kriegsgenie wie dem Kaiser Napoleon gegenüber, — zeigte die geringeren politischen Ziele Oesterreichs. Für seine isolirten Zwecke hielt es eine vorsichtige Zurückhaltung der eigenen Armee auf französischem Boden geboten, um unter allen Umständen keinen militairischen Unfall zu erleiden.

Verließ aber die Hauptarmee den Main, dann freilich lag es nahe, die Schlesische Armee dort an ihre Stelle treten zu lassen. Der Uebergang über den Rhein bei Mühlheim, der Marsch auf Maestricht mußte gehemmt und Blücher zurückgerufen werden. Nach Schwarzenberg's Ansicht war die Belagerung der Festung Mainz, die Besetzung des Mittel-Rheins, die Deckung der Kommunikationslinien der Hauptarmee und die Observation des Feindes jenseits des Rheins ein ausreichendes Kriegsobjekt für die Schlesische Armee. Wie so ganz entgegengesetzt war eine solche strategische Anschauung den Plä= nen, welche Blücher und sein Generalstab so eben ausgesprochen und mit Energie verfolgt hatten.

Der König befand sich noch in Berlin und traf erst am 13. November in Frankfurt ein.

Kaiser Alexander vermochte die Dislokation der österreichischen Armee, den Rhein von Mainz aufwärts, nicht zu hindern; ebensowenig die hiermit beabsichtigte spätere Bewegung durch die Schweiz. Die Resultate dieser ersten Konferenz schrieb derselbe deshalb eigenhändig in folgender Art nieder, die wir auszugsweise hier mittheilen:

„La grande armée 205,000 hommes, en observant Breisach et Kehl, agira par la Suisse.

L'armée d'Italie 68,000 h. cherchera à gagner le Var, pour effectuer la jonction avec la grande armée et celle du Lord Wellington.

L'armée du Maréchal Blucher 52,000 h., renforts 80,000 h., total 132,000 h. passe le Rhin, occupe Coblence, couvrira l'aile droite de la grande armée et ses communications, et agira offensivement d'après les circonstances.

L'armée de S.-A.-R. le Prince royal de Suède contre Davoust 25,000 h., passe le Rhin avec 80,000 h. dans les environs de Cologne et cherche à couper la Hollande de la France.

Différents corps pour les sièges des places sur l'Elbe: Bennigsen 20,000 h. assiègera Torgau et Wittenberg; — Tauentzien 28,000 h. bloquera et assiègera la place de Magebourg sur les deux rives de l'Elbe; — Klenau, Chasteler, Tolstoy 52,000 h. assiègeront Dresde.

Auf Grund dieses vorläufigen Operationsentwurfs ließ Schwarzenberg schon am 10. November den General Gneisenau durch Radetzky auffordern, die Schlesische Armee die Stelle der österreichischen Armee vor Mainz einnehmen zu lassen.

„In Folge der von Seiner Majestät getroffenen Armee=Eintheilung und des eigentlich (?) festgesetzten Operationsplanes muß ich Ew. Ex= cellenz bitten, die Veranlassung treffen zu wollen, damit der rechte Flügel der Blokade von Castel am 15. Morgens, längstens bis 8 Uhr früh, der Rest dieser Blokade hingegen am 16. gleichfalls bis 8 Uhr abgelöst wird. Der ganze Bezirk, Frankfurt allein ausgenommen, wird am 16. früh ganz von allen Truppen geräumt sein...."

Noch an demselben Tage berichtete darüber Gneisenau aus Frankfurt an Blücher:

„Ew. Excellenz überreiche ich pflichtschuldigst das, was mir der Feldmarschall v. Radetzky, Chef des Generalstabes des Fürsten Schwarzenberg heute übergeben hat. Ew. Excellenz werden daraus entnehmen, daß sich die Truppen der großen Armee in wenigen Tagen den Rhein aufwärts in Marsch setzen, und daß die Schlesische Armee dieselben am Mittel-Rhein ersetzen soll. — Gestern wurde Hochheim von den Oesterreichern genommen und dabei 7 Kanonen erobert und 700 Gefangene gemacht. Der Widerstand der Franzosen war nur schwach und die Gefangenen befanden sich im schlechtesten Zustande. — Mein Privatschreiben an den Oberst v. Müffling enthält noch einige Gegenstände, worüber derselbe Ew. Excellenz Vortrag machen wird."

An Müffling schrieb Gneisenau unter dem 10. November:

„Hierbei sende ich Ihnen das von des Kaisers von Rußland eigener Hand entworfene Tableau der Vertheilung der Streitkräfte in Abschrift.... Der Kaiser glaubt durch eine entschlossene Sprache den Kronprinzen von Schweden in Marsch setzen zu können; ich zweifele an der Wirkung. Belgien wird demnach unangegriffen bleiben. Dies erscheint mir sehr mangelhaft, aus Gründen, die Sie kennen. Wenn in dem Tableau gesagt ist, daß die Schlesische Armee Coblenz besetzen soll, so ist damit nicht gemeint, daß sie einen gewaltsamen Uebergang dort machen soll, sondern nur, daß sie diesen Punkt übernehmen werde, wenn die anderen Armeen an ihren Uebergangspunkten angelangt sein und den Rhein überschritten haben werden.... Kleist soll erst zu uns rücken, wenn Erfurt gefallen sein wird. Die Formation der Bundestruppen, die zu uns stoßen sollen, wird sobald noch nicht beendet sein. Vorerst müssen wir uns also auf unsere eigenen Kräfte verlassen. Ich habe dagegen protestirt, daß man dem Feldmarschall v. Blücher eine Observationsrolle übertragen will. Dies hat den Erfolg gehabt, daß man bestimmt hat, dessen Armee könne zur Offensive übergehen. Würde, sagte der Kaiser, der Kronprinz von Schweden nicht kommen, so werde man ihm die Preußen und Russen nehmen, und sie unter des Feldmarschalls Befehle stellen.... Entwerfen Sie die Marschordnung dergestalt, daß die Armeetheile zu den bestimmten Zeiten vor Kastel eintreffen. Bieberich wird von uns besetzt. Das Hauptquartier wird am füglichsten in Höchst genommen werden können."

Auch mit Knesebeck trat Gneisenau, obschon beide in Frankfurt waren, in Korrespondenz, um den vorläufigen Operations-Entwurf, der überdies alle näheren Bestimmungen ganz in der Schwebe hielt, entschieden von Neuem zu bekämpfen und als nachtheilig für die militairischen Erfolge zu bezeichnen. So äußerte er unter Anderem wenige Tage später an denselben:

„Nach heute eingegangenen Nachrichten ist Holland, Brabant und das gesammte linke Rheinufer zum Aufstande bereit. Man sieht dem Rhein-Uebergange mit Sehnsucht entgegen. — Bei dem für das südliche Frankreich entworfenen Feldzugsplan gehen sieben Wochen verloren, bis er nur angefangen werden kann. Wie viel man in sieben Wochen zu thun im Stande ist, um Vertheidigungskräfte zu entwickeln, wissen Sie und wir Alle aus Erfahrung. Ich erinnere Sie an den Waffenstillstand. Man falle demnach jetzt sogleich über die belgischen und batavischen Länder her, und verschiebe lieber den Angriff auf das südliche Frankreich bis zum zweiten Akt dieses neuen Feldzuges."

So legte Gneisenau fortgesetzt einen großen Werth auf die rasche Occupation Hollands, und wie einfach und erfolgreich würden auch die diplomatischen Verhältnisse der Coalition sich entwickelt haben, wenn man die österreichische Armee allein nach der Schweiz marschiren ließ, und dagegen den gesammten russischen und preußischen Streitkräften unter der Führung Blücher's, in Verbindung mit den der Schlesischen Armee folgenden Hauptquartieren des Kaisers Alexander's und des Königs, die sofortige Operation von Cöln über Maestricht auf Brüssel und dann gegen das nördliche Frankreich übertragen hätte. Alle Operationshemmnisse, die später in so reichem Maße und mit seltener Zähigkeit und Konsequenz von dem Fürsten Schwarzenberg ausgingen, wären dann auf den weitab von einander gelegenen Kriegstheatern (zum Nachtheil der Russen und Preußen) unmöglich gewesen. Die Coalition würde sich mit vollkommener gegenseitiger Freiheit bewegt haben. Die Entscheidung des Feldzuges von 1814 wurde dann garnicht auf der Operationslinie Basel-Langres-Troyes und Paris gesucht, sondern sie wäre — wie es später durch eine eigenthümliche Wendung der Dinge thatsächlich doch geschah, — auf der Operationslinie Brüssel-Laon-Soissons und Paris ausgefochten und gefunden worden.

Der König, auch in Berlin durch Knesebeck in engster Verbindung mit dem Kaiser Alexander, hatte seine Zustimmung zu dieser neuen Verwendung der Schlesischen Armee gegeben, und am 11. November kam der betreffende Befehl zu Altenkirchen in Blücher's Hände. Wir wissen, daß die Korps am 10. einen Ruhetag gehabt hatten, nämlich Sacken in Freilingen, York in Hadamar, Langeron in Drolshagen. Das Hauptquartier war mit Sacken's Avantgarde vorausgeeilt. Die Kosaken befanden sich schon bei Mühlheim. Blücher hielt die Armee sogleich an, gab für den 11. einen zweiten Ruhetag und schrieb aus Neukirchen unter dem 11. November an York:

„Nach den von Seiner Majestät so eben eingegangenen Befehlen übernimmt die Schlesische Armee den 15. d. M. spätestens um 8 Uhr Morgens den rechten Flügel der Blokade von Kastel (den Brückenkopf von Mainz), am 16. den linken Flügel und spätestens bis zum 19. November die Ablösung von 2 Kavallerie-Regimentern, welche die Rheinstrecke vom Main bis zum Neckar besetzt haben. Ew. Excellenz wollen daher einen Offizier Ihres Generalstabes zum Blokadekorps von Kastel voraussenden, welcher die nöthigen Verabredungen über die Ablösung nimmt, und sich mit dem Lokal gehörig bekannt macht, damit die von den Kaiserlich Oesterreichischen Truppen eroberten Plätze vor Kastel erhalten werden. Hiernächst wollen Ew. Excellenz nach anliegendem Marsch-Tableau aufbrechen und die Blokade übernehmen, alsdann aber vorzüglich die Rendezvous für die Hauptmassen der Infanterie und Artillerie so bestimmen, daß eine Konzentrirung derselben von dem Feinde unter keinen Umständen verhindert werden kann. Die Punkte Wiesbaden und Wickert scheinen mir, so weit es sich von hier aus übersehen läßt, am zweckmäßigsten für den rechten und linken Flügel des Blokadekorps. Das entferntere Korps Graf Langeron wird später zwischen Frankfurt und Mainz eintreffen, und werde ich alsdann Sorge tragen, daß dasselbe im gleichen Verhältniß zur Blokade mit beiträgt."

Nach dem beigelegten Marsch-Tableau sollte York vom 12. bis 14. November über Kirberg und Wehen in Wiesbaden, und Sacken vom 12. bis 15. über Hadamar, Kirberg und Wehen in Wickert eintreffen.

„Den 15. November übernimmt das Korps von York den rechten Flügel der Blokade von Kastel und hält Kavallerieposten von Biebrich, den Rhein entlang, bis zur Lahn, die mit dem Posten in Ehrenbreitstein in Verbindung bleiben. Das Korps von Sacken übernimmt den 16. November den linken Flügel der Blokade und die Ablösung der Kavallerieposten zwischen dem Main und dem Neckar spätestens bis zum 19. November. Das Hauptquartier wird am 16. in Höchst sein."

In Folge dieses Befehls ging York's Chef des Generalstabes, Oberst v. Zielinski, nach Wiesbaden voraus, um die Art der Ablösung zu regeln; sie erfolgte in der vorgeschriebenen Art.

Das Korps von Langeron, am weitesten zurück, bezog erst am 19. die Kantonnements um Höchst.

St. Priest war von Cassel am 3. November über Marburg nach Siegen marschirt und hatte hier am 10. November ebenfalls einen Ruhetag. Seine Avantgarde folgte der aus Cassel abmarschirten französischen Division über Elberfeld nach Düsseldorf, von wo der Feind am 10. über den Rhein nach Neuß zurückwich. St. Priest bat, seiner Avantgarde von Siegen nach Düsseldorf nachmarschiren zu dürfen. Blücher gestattete es. St. Priest rückte am 15. November in Düsseldorf ein und blieb hier, bis General v. Borstell von dem Korps Bülow's ihn daselbst von Wesel her am 22. November ablöste. Dann rückte St. Priest den Rhein aufwärts nach Ehrenbreitstein, besetzte es und bezog Kantonnements bis zur Lahn.

Auch York und Sacken durften die anfänglich engen Kantonnements sehr bald, aus Rücksichten der Gesundheit und der Verpflegung, weiter nach rückwärts hin ausdehnen.

Von der Hauptarmee marschirten gleich nach Ankunft der Schlesischen Armee das 1. österreichische Armeekorps nach Freyburg, Wrede nach Offenburg, das 3. Korps nach Carlsruhe, das 2. nach Graben, die leichten österreichischen Divisionen nach Wisloch, Heidelberg und Bruchsal, die Kavallerie-Reserve zwischen Heilbronn und Tübingen, die Russen unter Wittgenstein auf das rechte Ufer der Kocher, Barclay mit den Garden bis Mergentheim. —

Blücher war am 15. November, von seinem Adjutanten, dem Grafen Nostitz, begleitet, nach Frankfurt vorausgefahren, um sich dort bei dem Könige zu melden. Der König empfing ihn sehr gnädig und sagte ihm viel Schmeichelhaftes über den wesentlichen Antheil, den er an dem glorreichen Ausgange des Feldzuges gehabt. Blücher antwortete:

„Ich habe an diesen Erfolgen nie gezweifelt und hoffe, Ew. Majestät noch siegreich in Paris einziehen zu sehen."

Durch die Aufstellung der Schlesischen Armee am Main ergab sich für diese auch eine neue Operations-Richtung, die indessen bisher von keiner Seite ausgesprochen worden war, da nach dem Ideengange Schwarzenberg's Blücher an Mainz gefesselt bleiben sollte. In dem Hauptquartier Blücher's wußte man aber mit großen politischen Zielen auch große strategische Entschlüsse zu verbinden. Deshalb legte Gneisenau schon am 20. November seinem Könige in Frankfurt folgenden Operations-Plan zur Genehmigung vor:

„So glücklich auch Ew. Majestät und die mit Denenselben verbündeten Mächte bis jetzt gewesen sind, so sind wir doch nun an einen Punkt gelangt, wo zwischen zwei Uebeln zu wählen ist. Sollen wir am Rhein stehen bleiben, den Truppen einige Zeit Erholung gönnen und unsere Bedürfnisse und Verstärkungen erwarten? Oder sollen wir noch eine Anstrengung mehr machen und dem Feinde nicht Ruhe noch Rast lassen, um uns die Früchte der errungenen Siege zu sichern und einen dauerhaften Frieden vorzuschreiben? Dies sind die beiden jetzt so hochwichtigen Fragen.

Thun wir das erstere, so vergönnen wir dem Feinde die Zeit, Rekruten zu sammeln und die Mittel zu entwickeln, um dieselben felddienstfähig zu machen. Wenige Monate werden vergehen und wir werden wieder zahlreiche feindliche Armeen auftreten sehen, die unsere tapfere Soldaten aufs Neue bekämpfen müssen. Die Erfahrung dieses Feldzuges hat uns mehrmals belehrt, daß wir hinterher mit Blut büßen mußten, was wir durch Unterlassung einer Anstrengung mehr versäumt hatten. Diese Betrachtung erhebt den vorliegenden Gegenstand zu einer Gewissensfrage! Fahren wir hingegen fort, unsere Siegesbahn zu verfolgen, so liegt hierin eine Härte gegen unseren achtungswürdigen Soldaten, der soviel getragen, gekämpft und entbehrt hat. Die Hoffnung jedoch, durch einen vielleicht noch zwei Monate verlängerten Feldzug uns zwei Kriegsjahre zu ersparen, — die Ströme von Blut und zweifelhafte Schlachten, die Ew. Majestät Thron abermals in Gefahr bringen könnten, — lassen mich über den Vorwurf der Härte hinwegsehen.

Ich habe daher einen Feldzugsplan entworfen, der die Gefahren jenes, auf ein Vordringen aus der Schweiz berechneten vermeidet, die Streitkräfte vereinigt und augenblicklich in Ausführung gebracht werden kann. In der Anlage sind die Hauptmomente desselben angegeben.

Der lockere Zusammenhang der Elemente des gegen Frankreich bestehenden Bündnisses giebt ebenfalls einen vollwichtigen Grund her, um jetzt noch in Ausführung zu bringen, was späterhin vielleicht nicht mehr möglich sein würde."

Den Grundzügen seines Operationsplanes schickt Gneisenau eine Stärken-Berechnung voraus, indem er als sofort disponible Streitkräfte bezeichnet:

1. Russische Garden und Reserven . . . . . 30,000 Mann,
2. das Korps Wittgenstein's . . . . 10,000 =
3. die Oesterreichische Armee . . . . 120,000 =
4. die Schlesische Armee . . . . 52,000 =
5. die Bayerische Armee . . . . 30,000 =

Summe 242,000 Mann.

Von dieser Summe sollen 30,000 Mann Bayern oder Oesterreicher Mainz beobachten, dagegen die übrigen 212,000 Mann zur gemeinschaftlichen Operation an verschiedenen Punkten oberhalb und unterhalb Mainz den Rhein sogleich überschreiten und zunächst rasch auf Metz und Nancy operiren. Vor Landau und Straßburg mögen Beobachtungs-Detachements stehen bleiben.

Der Hauptarmee folgen dann schon in kurzer Zeit (sie sind schon unterwegs) ihre Ersatz-Mannschaften, nämlich:

für Wittgenstein . . . . 15,000 Mann,
für Langeron und Sacken . . . . 15,000 =
für York (und Kleist) . . . . 12,000 =

zusammen 42,000 Mann.

Selbst nach Abzug der Detachements und der Kranken kann die Hauptarmee vor Metz und Nancy doch mit 175,000 Mann erscheinen; — indessen ihr Ersatz (42,000 Mann) bringt sie wieder sehr bald fast auf die ursprüngliche Stärke, nämlich auf 217,000 Mann.

An den Unter-Rhein marschirt der größte Theil der bisherigen Nordarmee, nämlich die Korps von Bülow, Wintzingerode und Wallmoden.

Diese Korps überschreiten den Rhein und operiren über Lüttich auf Givet; sie werden dort mit 50,000 Mann auftreten können.

An den Ober-Rhein marschirt das Korps von Kleist, jetzt noch vor Erfurt, dessen Uebergabe erwartet wird, 15,000 Mann, verstärkt durch die disponiblen Truppen des ehemaligen Rheinbundes, wenigstens 20,000 Mann, zusammen 35,000 Mann. Je nach den Umständen kann dieses kombinirte Korps die im Elsaß zurückgebliebenen Beobachtungs-Detachements ablösen, oder durch die Schweiz in Frankreich eindringen (Konzession an Oesterreich). Die etwa abgelösten Truppen werden eine Reserve für die vordringende Armee.

Das Sächsische Korps, 15,000 Mann unter Thielmann, überschreitet bei Ehrenbreitstein den Rhein, um von dort nach Givet oder Metz als Reserve verwendet zu werden.

Zur großen strategischen Reserve gehören alle Truppen der deutschen Bundesfürsten, die jetzt noch in der Organisation begriffen sind und die später disponible werden, nämlich:

 1. die projektirten Truppen der deutschen Fürsten 150,000 Mann,
 2. die Truppen, welche Bayern extra stellen will . 40,000 =
 3. die Truppen, welche nach der Eroberung von
  Dresden verfügbar werden:
   a) Klenau . . . . . . 18,000 M.,
   b) Chasteler . . . . . . 9,000 =
   c) Tolstoy . . . . . . 25,000 =
             52,000 Mann,
         Summe 242,000 Mann.

Indessen soll von dieser Summe doch nur die Hälfte mit 121,000 Mann in Rechnung gebracht werden.

Die Schweden und was vor den Elbfestungen frei wird, bleibt Davoust und den Dänen entgegenstellt.

Gneisenau schließt seinen Plan mit folgenden Betrachtungen:

„Nichts verhindert, daß diese Operationen sogleich ihren Anfang nehmen; sie sind unabhängig von denen der Armee in der Lombardei oder den Unternehmungen Lord Wellington's am Fuße der Pyrenäen. Alle Vortheile, welche auf jenen entfernten Kriegstheatern erfochten werden, begünstigen unsere Operationen, ohne indessen die Bedingung des Gelingens derselben zu sein. Durch die hier vorgeschlagenen Operationen ist der Feind genöthigt, in Mainz, Straßburg, Landau, Breisach, Saarlouis, Luxemburg, Metz, Thionville und in die kleinen Plätze der Vogesen starke Garnisonen, Munition, Geschütze, Lebensmittel und Bedürfnisse jeder Art zu werfen. Es werden ihm also nur wenige Truppen zum Gebrauch im freien Felde übrig bleiben, überdies mangelhaft ausgerüstet mit Geschützen und Munition; jedenfalls werden sie unserer zahlreichen Armee nicht gewachsen sein. Haben wir zu der Zeit, in welcher die Rüstungen der deutschen Fürsten vollständig beendigt sein werden, Frankreich den Frieden noch nicht diktirt, so gewähren uns alsdann große Truppenmassen die Mittel, Paris zu bedrohen und durch Abschneiden aller Zufuhren zu erobern."

Die Einnahme von Paris und der Sturz Napoleon's waren die großen Ziele, die man in dem Hauptquartier Blücher's schon diesseits des Rheins ins Auge gefaßt hatte.

Leider wurde auch dieser zweite Operationsplan Gneisenau's in Frankfurt in seiner Totalität nicht angenommen, wenngleich er keineswegs ohne allen Einfluß blieb und namentlich für die Bestimmung der Schlesischen Armee maßgebend geworden ist. Allerdings ist es wahr, daß Knesebeck die genialen Vorschläge Gneisenau's nicht unterstützte, wie er dies auch am 7. November nicht gethan hatte, weil er in der Vorstellung befangen war, daß die bloße Eroberung der Niederlande den Kaiser Napoleon eher zum Frieden zwingen könne, als ein Marsch auf Paris, dessen Gefahren bei den langen Kommunikationslinien nach dem Rhein er nicht hoch genug glaubte anschlagen zu müssen. Indessen hätte Knesebeck auch eine andere Anschauung der politischen und strategischen Sachlage gehabt, sein Einfluß würde doch nicht ausgereicht haben, den diplomatischen Interessen Oesterreichs eine andere Richtung, als die einmal ausgesprochene, zu geben. Selbst Kaiser Alexander war nicht im Stande, dies zu thun, obgleich er, in Gemeinschaft mit dem ritterlichen Könige, den großen, kühnen und raschen Entschlüssen immer vollständige Würdigung zu Theil werden ließ.

Ohne allen Einfluß blieb nur die glänzende Beredsamkeit Bernadotte's, der den Kaiser Alexander dringend ersuchte, durchaus nicht über den Rhein zu gehen, — oder, wenn dies nach wiederholter Anbietung des Friedens an das französische Volk doch geschehen müsse, den Feldzug nicht vor dem Frühjahr des Jahres 1814 zu beginnen. Bernadotte, obgleich Kronprinz von Schweden, fühlte und wirkte doch nur als Franzose, und zwar als ein solcher, der seine Hoffnungen auf den französischen Thron bestimmt ausgesprochen hatte.

Es mußte schließlich ein Kompromiß gefunden werden, damit die Operationen jenseits des Rheins überhaupt nur in Gang kamen. Der schon angedeutete Gedanke einer Trennung aller russischen und preußischen Truppen von der österreichischen Armee, um sie jetzt unter Blücher von Mainz über Metz auf Paris führen zu lassen, war doch zu neu, zu fremdartig, um erwogen zu werden. Man glaubte russischer und preußischer Seits der solidarischen Einheit des Bündnisses noch unbedingt vertrauen zu können, wenn auch die strategischen Anschauungen verschieden waren. Man ließ es deshalb, den Forderungen Oesterreichs gemäß, dabei verbleiben, daß Fürst Schwarzenberg mit einer Hauptarmee von 192,000 Mann Oesterreicher, Russen, Preußen, Bayern, Württemberger und Badenser die Operation durch die Schweiz nach dem Plateau von Langres ausführen solle. Dagegen sollte Blücher mit der Schlesischen Armee, 76,000 Mann, diejenige Operation übernehmen, welche Gneisenau einer großen Hauptarmee zugedacht hatte, nämlich von Mainz auf Metz. Allerdings wurden dem Feldmarschall Blücher Verstärkungen zugesagt, nämlich: das 2. preußische Armeekorps unter Kleist, — das 4. deutsche Bundeskorps, churhessische Truppen, unter dem Kurprinzen von Hessen, — das 5. deutsche Bundeskorps, bergische und herzoglich sächsische Truppen, Waldeck, Nassau, unter dem Herzoge von Sachsen-Coburg; zusammen etwa 59,000 Mann, wodurch die Schlesische Armee auf 135,000 Mann gebracht worden wäre. Allein da Blücher später ohne diese Verstärkungen den Rhein überschritt und außerdem das Korps von Langeron vorläufig vor Mainz zurücklassen mußte, so hat er doch nur mit ca. 55,000 Mann den Vormarsch gegen Metz angetreten.

Für die Eroberung Hollands war augenblicklich nur das preußische Armeekorps unter Bülow unmittelbar zur Hand, und zwar mit der Direktion hoch nach dem Norden dieses Landes.

In Göttingen, von wo sich der Kronprinz von Schweden gegen Davoust und die Dänen wandte, hatte Bülow den Auftrag erhalten, die altpreußischen Lande in Westphalen wieder in Besitz zu nehmen und dann nach dem Nieder-Rhein Detachements zu entsenden, welche die französisch-niederländische Grenze beobachten sollten. Bülow marschirte am 3. November von Göttingen ab und traf über Einbeck und Hameln am 7. November in Minden ein. Die Organisation der militairischen Hilfsmittel hielt ihn bis zum 13. November an der Weser zurück. Dann marschirte das Korps über Herford, Bielefeld und Wahrendorf nach Münster. Bülow rückte hier am 16. November ein, setzte in Münster die schon eingeleitete Organisation Westphalens fort und schickte seine Avantgarde voraus, die schon am 23. November die Yssel bei Doesburg überschritt. Das Gros folgte, und am 30. November wurde Arnheim erobert, am 2. Dezember Utrecht besetzt, während die Brigade Borstell Wesel umschlossen hielt. So stand Bülow, wenn auch nur mit 24,000 Mann, am Unter-Rhein bereit, denselben zur Operation auf Antwerpen und Brüssel zu überschreiten. Kosaken unten Benckendorff waren ihm Ende November nach Amsterdam vorausgeeilt.

Am 30. November kam der König von Frankfurt nach Wiesbaden, um am 1. Dezember das Korps York's durch das Abnehmen einer Parade zu inspiziren. York befahl, für diesen Tag auf Waffen und Anzug die vorzüglichste Sorgfalt zu verwenden, doch keinen Austausch stattfinden zu lassen, auch die schlecht gekleideten Leute nicht zurückzulassen, weil das Korps sich in dem Zustande zeigen solle, in welchem es sich wirklich befinde. Bei der Linien-Infanterie wurden die ursprüglichen Bataillone wieder formirt; nur bei der Landwehr blieben sie, ihrer Schwäche wegen, kombinirt. Die Vorposten wurden am 1. Dezember schwächer gegeben, als gewöhnlich, damit die Truppentheile zur Parade so stark wie möglich ausrücken konnten. Vormittags um 9½ Uhr stand das Korps zwischen Wiesbaden, Erbenheim und Mosbach aufgestellt. Nach der Parade marschirten die Truppen wieder in ihre Kantonnements zurück. Einige Tage später (8. Dezember) erfolgten zahlreiche Beförderungen. Wir heben nur einige heraus: York zum General der Infanterie, Gneisenau, Hünerbein, Prinz Carl von Mecklenburg zu Generallieutenants, Müffling, Katzeler, Steinmetz, Zielinski zu Generalmajors.

Aus dieser Zeit liegt uns wieder ein charakteristisches Schreiben Reyher's an seinen Vater vor, datirt Bieberich, den 2. Dezember:

„Mein theurer, geliebter Vater!

Also auch wir haben dem Könige und dem Vaterlande ein großes Opfer gebracht, denn durch einen Brief von Heinrich (jetzt vor Erfurt) werden Sie schon erfahren haben, daß unser guter Fritz bei Leipzig am 19. Oktober durch eine Kanonenkugel auf der Stelle getödtet worden ist. Ihnen, mein Vater, sage ich zu Ihrem Troste nichts, denn Sie wissen, daß der Soldat sein Leben nicht in Anschlag bringen darf, wenn es dem Könige und dem Vaterlande gilt; aber unsere liebe, gute Mutter thut mir unendlich leid, denn ihr wird dieser herbe Verlust viele Thränen kosten, und lange wird es dauern, bis die Zeit diese schmerzhafte Wunde heilt. Doch ist Fritz den schönen Tod auf dem Schlachtfelde gestorben. Sein Andenken wird unserer Familie theuer bleiben. Fritz war brav und fiel in der entscheidendsten Schlacht für das Vaterland. Wir Alle werden ihm früher oder später folgen!

Vorgestern hatten wir in Wiesbaden einen großen Ball, den auch unser erhabener Monarch mit seiner Gegenwart beehrte. Die Adjutanten des Generals York hatten dieses Fest arrangirt, auch zur nachträglichen Feier des Sieges bei Leipzig, und dazu den König ehrfurchtsvoll eingeladen. Der König antwortete nur dem General York aus Frankfurt, den 29. November:

„„Mein lieber Generallieutenant v. York! Ich werde morgen Abend in Wiesbaden eintreffen, um meine braven Offiziere des 1. Armeekorps auf dem von ihnen arrangirten Ball angenehm zu überraschen, und trage Ihnen daher auf, Meine Absicht durchaus geheim zu halten.““

Bald nach seiner Ankunft ging der König auf den Lieutenant v. Roeder zu, Adjutanten des Generals v. York, und hatte folgende Unterredung mit ihm, die ich — in seiner Nähe stehend — deutlich hören konnte, und die auch Ihnen, geliebte Eltern, gewiß zum Trost gereichen wird.

Der König. Mein lieber Roeder! Ihre Familie hat viel Unglück gehabt. Sie haben in den verschiedenen Schlachten drei Brüder verloren.

Roeder. Ja, Ew. Majestät! Aber auch ich bin noch bereit, für Sie zu sterben.

Der König. Nein! Ich wünsche, daß aus einer so braven Familie dem Staate wenigstens ein Sohn erhalten werde. Der Kampf war mörderisch, und fast alle Familien haben ohnehin für die Rettung des Vaterlandes schon theure Opfer bringen müssen.

Der König war sehr gerührt, als er diese letzten Worte sprach.

Katzeler ist von seiner Kopfwunde hergestellt und bei der Armee eingetroffen. Auf seinen Antrag bin ich als Adjutant wieder zu ihm gekommen. Er kommandirt die ganze Vorpostenchaine des Korps gegen Mainz. Wir haben unser Quartier hart am Rhein in dem Schloß zu Bieberich, der Residenz des Herzogs von Nassau. Dieser schöne deutsche Strom fließt dicht unter meinem Fenster vorbei. Aus meinem Zimmer habe ich die herrlichste Aussicht. Dichter haben sie besungen und gepriesen. Die aufgehende Sonne, die sich prachtvoll in den Wellen des Rheins spiegelt, stimmte mich heute recht wehmüthig und dankbar.

Ich speise täglich bei meinem Oberst. Wie oft habe ich Ihnen von dem köstlichen Rheinwein, den wir hier täglich trinken, ein Fäßchen hingewünscht. Vielleicht gelingt es mir, Ihnen ein Ankerchen zu schicken.

Die Armee Blücher's hat Mainz auf dem rechten Rheinufer eingeschlossen. Gefechte sind hier noch keine vorgefallen. Als ich mich in Wiesbaden zum Abgange nach Bieberich meldete, war General York außerordentlich gnädig gegen mich. Er hoffte, daß mein Avancements-Vorschlag genehmigt werden würde. Ich habe als Adjutant an seiner Seite eine sehr glückliche Zeit verlebt und interessante Bekanntschaften gemacht. Mehrere Male wurde ich mit Einladungen zum Prinzen Wilhelm, Bruder des Königs, und zum Prinzen Friedrich, Sohn des Prinzen Louis, beehrt.

Herzlich wünsche ich, daß sie Alle gesund sein mögen. Hoffentlich ist Ludwig wiederhergestellt. Lassen Sie ihn nicht zu früh zur Armee abgehen, denn er möchte sonst, was hier häufig bei den Nervenfiebern geschieht, einen Rückfall bekommen. Heinrich habe ich 12 Thaler auszahlen lassen und ihm geschrieben, sich in jeder Verlegenheit an mich zu wenden. Er soll keine Noth leiden.

Leben Sie wohl, geliebte Eltern, und grüßen Sie herzlich meine Geschwister und meine Freunde.

Antworten Sie bald Ihrem

ganz gehorsamsten Sohn

Carl Reyher."

Die Ruhe des 1. Armeekorps am Rhein dauerte bis Ende Dezember. Reyher fand daher Gelegenheit, aus Bieberich, den 29. Dezember an seinen Vater einen Rückblick auf das ablaufende Jahr zu werfen:

„Mein theurer, verehrungswürdiger Vater!

In diesem Augenblick komme ich aus Wiesbaden von einem Fest, welches Prinz Wilhelm und die Stabsoffiziere des 1. Armeekorps dem General v. York zur Erinnerung an die entscheidende Konvention von Tauroggen gegeben haben. Diese patriotische Feier wurde durch den Befehl erhöht, daß die Schlesische Armee nun auch über den Rhein gehen solle. Eben jetzt erhalte ich Ihren lieben Brief vom 19. d. Mts.; er macht mir sehr viel Freude. Um Sie, mein Vater, war ich nicht so besorgt, als um die gute, liebe Mutter, von der ich ja wußte, daß sie sehr viel leiden würde. Fassen Sie Muth, geliebte Eltern! Wer in der Erfüllung seiner Pflichten und überdies noch für König und Vaterland fällt, der stirbt einen beneidenswerthen Tod. Ich habe vier große Schlachten und elf bedeutende Avant- und Arrieregarden-Gefechte mitgemacht und bin ziemlich abgehärtet. Ich habe Tausende um mich her fallen sehen. Die theuersten meiner Freunde wurden mir von der Seite gerissen. Gott schützte mich! Ohne Prahlerei darf ich Ihnen sagen, lieber Vater, daß ich überall nach besten Kräften meine Schuldigkeit gethan habe. Wird einst Friede und ich lebe dann noch, so mag Ihnen die Achtung und Freundschaft, die ich in dem Korps besitze, beweisen, wie ich bemüht gewesen bin, bei jeder Gelegenheit rechtschaffen meine Pflicht zu erfüllen. In dem abgelaufenen Feldzuge konnte ich von meinem Standpunkte aus mit gutem Erfolge thätig sein. Katzeler kommandirte eine Avantgarde von 8000 Mann und ich war sein einziger Adjutant. Wir haben nicht ein einziges Gefecht verloren. Morgen brechen wir nach Caub auf, um wahrscheinlich dort den Rhein zu passiren. Katzeler kommandirt abermals die Avantgarde und ich bin wieder sein einziger Adjutant. Gott wird mir Kraft geben, auch in diesem neuen Abschnitt des Krieges strenge meine Pflicht zu erfüllen.

Katzeler ist General geworden und ich bin zum General-Adjutanten ernannt. Mit Wehmuth habe ich meine lieb gewonnene Ulanen-Uniform abgelegt. Mein Avancement zum Premier-Lieutenant hat sich des Königs Majestät vorbehalten, bis sich übersehen läßt, wie ich nach den Avancements-Vorschlägen der übrigen Armeekorps in der General-Adjutantur zu stehen komme. Meine jetzige Stabs-Uniform besteht in einem weißen Leibrock mit grünem Sammetkragen und Aufschlägen, dreieckigem Hut mit Federbusch und goldenem Achselband. Die Interims-Uniform ist blau.

Die große Armee unter Fürst Schwarzenberg ist nach der Schweiz abmarschirt und dort über den Rhein gegangen. Hoffentlich operirt sie rasch auf Paris. Vielleicht lesen Sie schon binnen Kurzem von dem Einzuge der alliirten Armeen in die Hauptstadt Frankreichs. Napoleon opfert zwar seinem Ehrgeiz Alles auf, aber er muß, er wird fallen. Die Bundesstaaten werden jetzt zu militairischen Leistungen, namentlich durch den Einfluß unseres kraftvollen Gneisenau, scharf herangezogen. Die Preußische Armee steht überall in einer außerordentlichen Achtung. Russen, Oesterreicher, Bayern ɛc. gestehen gerne, daß die Preußische Armee ihr Vorbild sei. Ob der Uebergang bei Caub Menschen kosten wird, weiß ich nicht, aber wo Preußen sich schlagen, da ist man des Sieges gewiß.

Es ist schon Nachts 12 Uhr und mein Schreiber will eben die letzten Schreibmaterialien einpacken. Leben Sie recht wohl und glücklich. Dies ist der einzige innige Wunsch Ihres

gehorsamsten Sohnes
Carl Reyher."

Die lange Ruhezeit von Mitte November bis zum Schluß des Jahres hatte wesentlich dazu beigetragen, in dem Armeekorps York's alle Mängel, welche ein langer und beschwerlicher Feldzug unvermeidlich im Gefolge hat, wieder auszugleichen. In der That waren Bekleidung und Bewaffnung sehr heruntergekommen. Diejenigen Bataillone, welche den Feldzug von 1812 in Kurland mitgemacht, trugen noch die Montirung von 1811. Nicht alle Regimenter waren mit Tuchhosen bekleidet; leinene Hosen machten aber die Kälte doppelt empfindlich. An Schuhen und Stiefeletten war großer Mangel. Man requirirte zwar auf dem ganzen Marsch aus Städten und Dörfern Fußbekleidungen, aber dennoch ging ein großer Theil der Infanterie barfuß. Auch an Mänteln fehlte es; zum Theil half man sich durch Mäntel, die den französischen Gefangenen abgenommen wurden. Die Landwehr-Bataillone waren besonders dürftig bekleidet; ihre Litewken fast durchgängig zu kurz und zu eng, weil das dünne, ungekrumpene Tuch durch Einwirkung des Regens einlief; ihre zwillichenen Tornister hielten die Sachen darin nicht trocken und gestatteten keinen Wechsel mit trockenen Stücken. Anhaltender Regen und ununterbrochene Bivouaks brachten auch durch Rost die Gewehre sehr herunter. Durch 2000 englische Gewehre wurde dem Korps wieder geholfen. Munition ersetzte man ans den dem Feinde abgenommenen Beständen. Von 104 Geschützen, welche dem Korps nach dem Waffenstillstande ins Feld gefolgt waren, kamen nur 42 Geschütze am Rhein an, theils in der Schlacht von Möckern demontirt, theils bei den beschwerlichen Gebirgsmärschen als beschädigt zurückgelassen. Die Artillerie-Fahrzeuge waren zur Hälfte liegen geblieben. Von drei Parkkolonnen erreichte nur eine den Rhein. Die Bagage des Korps fehlte demselben vom 18. Oktober an bis zum Schluß des Jahres. Auch die Pferde der Artillerie und Kavallerie hatten sehr gelitten. Die Märsche durch den Thüringer Wald, über das Rhön- und Vogelsgebirge hatten den Hufbeschlag ruinirt, ohne daß man Zeit und Mittel gefunden, ihn wieder herzustellen. Mehr als ein Viertel des Pferdebestandes ging verloren.

Alle Kranken ließ das Korps in den rückwärts liegenden Lazarethen zurück. Die Ruhe am Rhein ließ dort Ruhr und Fieber zum Ausbruch kommen. Das Nervenfieber hatte die retirirende französische Armee in den durchzogenen Ortschaften zurückgelassen. Die großen Verluste durch Schlachten, Gefechte, Anstrengungen und Krankheiten werden dadurch begreiflich.

Am 14. August 1813 zählte York's Korps . . 37,738 Kombattanten,
am 14. November . . . . 11,306 =
also Verlust in drei Monaten 26,432 Mann.
Davon waren vor dem Feinde geblieben . . . 2,217 Mann,
verwundet . . . . 10,127 =
außerdem erkrankt . . . . 7,745 =
vermißt . . . . 4,143 =
detachirt . . . . 2,200 =
wie oben 26,432 Mann.

Die Landwehr wurde vorzugsweise stark von diesem Abgange getroffen. Es ergiebt sich dies aus einem Zahlenvergleich.

Die Linien-Infanterie zählte am 14. August 15,429 Kombattanten,
am 14. November . . . . 5,365 =
mithin Verlust 10,064 Mann.
Die Landwehr-Infanterie zählte am 14. August . . . . 13,369 Kombattanten,
am 14. November . . . . 2,164 =
mithin fehlten 11,205 Mann.

Rechnet man von dieser Ziffer auch ca. 1500 Detachirte ab, welche die Schlacht bei Möckern nicht mitmachten, so bleiben demnach 9,700 Mann Verlust. Die Ursachen dieses rascheren Zusammenschmelzens der Landwehr lagen in ihrer sehr geringen militairischen Durchbildung und in dem Mangel kriegsgewohnter Kadres. Auf allen Märschen nahm das Trainiren sehr bald überhand, ohne daß es möglich gewesen wäre, diesem Uebelstande vollständig zu steuern. Ihr Charakter als bloße Rekruten-Bataillone gab ihnen eine unzureichende militairische Ausdauer; — sie füllten massenhaft die Lazarethe. Die Landwehr-Kavallerie erwies sich als stärker und ausdauernder, wenn auch Mann und Pferd weniger geübt waren, als die Linien-Kavallerie.

Schack's Tagebuch (Adjutant York's) folgert aus dem allgemeinen Zustande des Korps:

„. . . . Aus diesen Thatsachen geht zur Genüge hervor, daß das 1. Armeekorps eines vollständigen Retablissements bedurfte, um neue Offensiv-Operationen beginnen zu können. Dieses Retablissement erforderte eine gewisse Ruhezeit, um durch Heranziehung des Ersatzes, der Rekonvaleszenten, der Bekleidungs-Gegenstände und des Materials das

Korps und die physischen Streitkräfte desselben wieder herzustellen. Man kann sich hiernach die Frage beantworten, —

„ob man mit dem so beschaffenen Korps sogleich den Rhein passiren und mit einiger Wahrscheinlichkeit des Erfolges den Winterfeldzug beginnen konnte?"

Der Uebergang selbst konnte bei dem traurigen Zustande des Feindes nicht schwierig werden; aber es springt in die Augen, daß sich das Korps durch den beim weiteren Vorrücken immer bedeutender werdenden Widerstand und durch die Fatiguen der rauhen Jahreszeit in kurzer Zeit nothwendig auflösen mußte (?). Ueberdies scheint wohl der Grundsatz ziemlich festzustehen, daß die Offensiv-Operationen jenseits des Rheines, wenn sie nicht lediglich auf blindes Glück basirt werden sollten (?), nur mit Truppen eröffnet werden durften, die mit den Erfordernissen eines Feldzuges reichlich ausgerüstet waren, denen Reserven am Rhein, Ersatz und Unterstützung an Mannschaften und Kriegsbedürfnissen entsprechend folgten, und die dadurch nicht nöthig hatten, eine jede Kraftäußerung wegen innerer Schwäche zu scheuen. Ob der sechswöchentliche Stillstand am Rhein den anderen Korps der verbündeten Armeen durchaus nothwendig war, weiß ich nicht. Dem 1. Preußischen Armeekorps war er aber sehr nothwendig und nützlich."

Dieses Urtheil bezieht sich auf Gneisenau's Operations-Vorschlag vom 20. November, dem hier Schack, in Uebereinstimmung mit York's Anschauungen, indirekt opponirt. Gewiß war Schack zu seinem Standpunkt vollkommen berechtigt; aber wir dürfen doch nicht übersehen, daß dies nur der Standpunkt von unten, nicht der von oben ist. Gneisenau wußte das Alles, aber er blickte, über alle Schwierigkeiten fort, schärfer und großartiger in die Zukunft. Er kannte sehr wohl die Härten des Krieges und wollte sie rücksichtslos geübt wissen, weil sie die rechte Humanität gegen das Ganze, nämlich die Abkürzung des Krieges, im Gefolge haben. Nur starke Charaktere können einen solchen Standpunkt in der Würdigung entscheidender Situationen einnehmen. Mochte man immerhin acht, auch vierzehn Tage auf das Retablissement des Korps verwenden, — sechs Wochen gereichten dem Feinde zu einem weit größeren Vortheil.

Die Reorganisation des Korps schritt rasch und im Ganzen mit gutem Erfolge in Bekleidung und Bewaffnung vorwärts. Die 19 Linien-Infanterie-Bataillone und 4 Jäger-Kompagnien wurden durch Rekonvaleszenten und Ersatz fast wieder auf ihre etatsmäßige Kriegsstärke gebracht; ebenso die Linien-Kavallerie (600 Pferde). Dagegen gelang es nicht, die ursprünglichen 6 Landwehr-Infanterie-Regimenter mit ihren 24 Bataillonen von Neuem aufzustellen. Ihr Ersatz betrug im Dezember nur 1969 Mann, zum Theil Wehrmänner, welche, die Fahne verlassend, nach ihrer Heimath gegangen waren und von Neuem ausgehoben wurden. Schon unter dem 19. Novemder hatte der König befohlen, daß die Landwehr künftig nur Regimenter von drei (anstatt vier) Bataillonen formiren sollte. Das Korps zählte also nur 18 Landwehr-Bataillone, thatsächlich in der halben Stärke der Linien-Bataillone, obgleich beider Etat auf 800 Köpfe normirt war. Die Landwehr-Kavallerie-Regimenter blieben, wie sie gewesen waren, von ungleicher Stärke. Auch die Artillerie des Korps wurde wieder auf 82 Geschütze in 10 Batterien komplettirt, 2 12pfündige, 4 reitende, 4 6pfündige. In Gießen und Limburg hatte man Artillerie-Werkstätten eingerichtet und Gießen zum Haupt-Artillerie-Depot und Laboratorium gemacht. Zwei Jäger-Kompagnien wurden von dem Korps abkommandirt.

Hiernach betrug die Stärke des 1. Armeekorps Ende Dezember:

 2 Jäger-Kompagnien,
 <u>19 Linien-Bataillone,</u> } . . . . . 10,283 Kombattanten,
 <u>18 Landwehr-Bataillone</u> . . . . . . 5,599 =
 37 Bataillone,
 28 Linien-Eskadrons . . . . 3,512 =
 <u>14 Landwehr-Eskadrons</u> . . . . . . 1,077 =
 42 Eskadrons,
 82 Geschütze,
 2 Pionier-Kompagnien, } . . . . <u>1,334 =</u>
        Summe 21,805 Kombattanten.

Auch die Division Hünerbein wurde wieder in zwei Brigaden hergestellt. Hünerbein selbst aber, obgleich er die Division noch über den Rhein führte, verließ das Korps, da er Ende Dezember zum Kommandeur der neu formirten bergischen Truppen ernannt worden war. Der Chef des Generalstabes des Korps, v. Zielinski, erhielt das Kommando einer Brigade in Bülow's Armeekorps. An seine Stelle trat Oberst v. Valentini. Durch Kabinetsordre vom 30. Dezember wurden die Brigaden in folgender Weise besetzt:

1. Brigade. Generalmajor v. Pirch II.
2. Brigade sollte Herzog Carl von Mecklenburg wieder übernehmen; sie wurde indessen provisorisch von dem Oberst v. Warburg geführt, da auch Oberst v. Lobenthal eine andere Bestimmung erhielt und erst spät bei dem Korps in Frankreich wieder eintraf.
7. Brigade. Generalmajor v. Horn.
8. Brigade. Prinz Wilhelm von Preußen.

Die Reserve-Kavallerie kommandirte wieder Generalmajor v. Jürgaß, die Reserve-Artillerie Oberst v. Schmidt.

Die 1. Brigade bestand aus:
 4 Linien-Bataillonen,
 2 Jäger-Kompagnien,
 6 Landwehr-Bataillonen,

1 National-Kavallerie-Regiment,
1 6pfündigen Fußbatterie.

Die 2. Brigade aus:
6 Linien-Bataillonen,
3 Landwehr-Bataillonen,
1 Linien-Kavallerie-Regiment (Oberst v. Warburg),
1 6pfündigen Fußbatterie.

Die 7. Brigade aus:
3 Linien-Bataillonen,
6 Landwehr-Bataillonen,
1 Linien-Kavallerie-Regiment,
1 6pfündigen Fußbatterie.

Die 8. Brigade aus:
6 Linien-Bataillonen,
3 Landwehr-Bataillonen,
1 Linien-Kavallerie-Regiment,
1 6pfündigen Fußbatterie.

Die Reserve-Kavallerie aus:
3 Linien-Kavallerie-Regimentern,
3 Landwehr-Kavallerie-Regimentern,
2 reitenden Batterien.

v. Katzeler und Oberst Graf Henckel führten jeder eine Brigade; Major v. Bieberstein eine Landwehr-Brigade.

Die Reserve-Artillerie aus:
2 12pfündigen Batterien,
2 reitenden Batterien,
1 Parkkolonne.

Detachirt waren 2 Landwehr-Eskadrons unter Major v. Falkenhausen als Partisan. In dem Depot zu Gießen befanden sich noch 3 Fuß-Batterien, 3 Parkkolonnen und 1 Handwerkskolonne.

Das russische Korps von Sacken zählte am Schluß des Jahres:
26 Bataillone, 28 Eskadrons, 8 Kosaken-
Regimenter, 94 Geschütze . . . . . 21,700 Mann.

Das Korps von Langeron:
43 Bataillone, 28 Eskadrons, 7 Kosaken-
Regimenter, 136 Geschütze. . . . . 33,300 =
Dazu York mit . . . . 21,800 =
giebt ein Total von 76,800 Mann.

Ende Dezember steht die Schlesische Armee in Kantonnements von Mannheim bis Coblenz, nämlich: Sacken in Hessen-Darmstadt, York vor Mainz und um Wiesbaden, St. Priest bei Ehrenbreitstein, Langeron zwischen Höchst und Frankfurt.

Schließen wir diesen Abschnitt mit einigen Bemerkungen über das ebenso schwierige als wichtige Feld der Verpflegung der Truppen, die wir bereits im 1. Theil mehrfach besprochen haben.

Bis zum Jahre 1813 hatte der Armee-Intendant, Staatsrath Ribbentrop, 18 Jahre lang in der Verpflegungs-Partie einer Armee Erfahrungen gesammelt, die ihm vortrefflich zu Statten kamen. Mit besonderem Nachdruck hob er immer heraus, daß, — wo mehrere Armeen auf einem kleinen Raum zusammengedrängt würden, — es nothwendig sei, von Oben herab die Verpflegungs-Bezirke im Großen, wenigstens für die Armeekorps, und diese weiter hinab, abzugrenzen, in welche andere Korps nicht durch Selbsthülfe übergreifen dürften. Wo dies nicht beachtet werde und man außerdem arme Gegenden massenhaft durchzöge, da führe man zum Schutz gegen den Hunger eine leidige Industrie. „Man nehme, wo man fände. Man führe mit seinen Umgebungen einen Verpflegungskrieg, in welchem die List die Erhaltung der Armee entscheide. Nur die Anweisung von Verpflegungs-Bezirken, die aber gegen die Benutzung anderer Truppen unbedingt geschützt werden müßten, mache es möglich, die Verpflegung regelmäßig zu beziehen." Natürlich gilt dies vor Allem für das Stehenbleiben der Truppen und annähernd für deren Marsch. Ordnung ist immer unentbehrlich. Gewaltthätigkeiten zerstören unermeßlich viel Verpflegungsmittel, besonders bei Rückzügen. Reichen die Verpflegungs-Bezirke nicht aus, dann müsse die ganze Verpflegung auf gefüllte Magazine angewiesen werden. Allen Militair-Kommandos für den Zweck der Requisition müssen immer Verpflegungsbeamte beigeordnet werden, sonst werden Unordnungen und Gewaltthätigkeiten unvermeidlich sein.

„Verwaltungen, denen das Wohl der Truppen am Herzen liegt, werden die Verpflegungs-Bezirke ihrer Armeen schon von selbst schonen, denn an diese Schonung knüpft sich die Sicherung der Subsistenz an."

Diese Ansichten entwickelte Ribbentrop in einem Schreiben an den Minister, Freiherrn v. Stein, aus Höchst den 21. November 1813, und schließt dasselbe mit folgenden Worten:

„ . . . Ich exponire übrigens meine Untergebenen und mich allen Unannehmlichkeiten, welche die beispiellosen Unordnungen in der Verpflegung über rechtschaffene und thätige Militair-Beamte verhängen; und wenngleich manche von uns durchzogene Gegend über das Maß unserer Forderungen sich beschwert haben mag, so gehören wir denn doch in die Klasse derjenigen Beamten, welche nur das Wohl der ihrer Fürsorge anvertrauten Truppen im Auge hatten. Wir haben mit ungetheiltem Eifer sowohl das Kaiserlich Russische als das Königlich Preußische Korps befriedigt; — wir haben beide, selbst in den unangenehmsten Lagen, gegen den Mangel geschützt, und die Gegenden, durch welche wir zogen, sind oft genug Zeuge gewesen, daß wir uns persönlich mit Gewalt den Plünderungen und Verheerungen widersetzten.

Mehr kann von uns nicht erwartet werden, denn die Erhaltung des Soldaten liegt uns näher, als die Erhaltung der Stadt- und Landbewohner, und um jene durchzuführen, müssen diese oft auf eine Art leiden, welche zwar unseren Gefühlen, nicht aber unseren Pflichten zuwider ist."

Dem Einfluß Ribbentrop's ist es auch zuzuschreiben, daß Blücher schon im November aus seinem Hauptquartier Höchst sehr zweckmäßige Detail-Bestimmungen erließ, von welchen wir nur einige hier herausheben:

„Detachirte Truppentheile müssen einen Verpflegungs-Beamten mit erhalten, der die Requisitionen, auf Grund der Autorisation durch den Ober-Kriegs-Kommissair, übernimmt."

„Zur Durchsetzung von Requisitionen darf nur dann das Militair angewendet werden, wenn die Obrigkeiten und Bewohner eines Bezirks bösen Willen zeigen und dasjenige, was sie leisten können, den Truppen vorenthalten."

„Jeder unbefugte Requirent wird arretirt und zur Untersuchung resp. Bestrafung abgeführt."

„Bei Requisitionen von Lebensmitteln und Fourage ist der Totalität des Betrages, nach dem effektiven Stande abgemessen, 25 Prozent für außerordentliche Fälle und Abgänge zuzurechnen. Treten dadurch Ueberschüsse ein, so werden diese den von jedem Korps anzulegenden Reserve-Magazinen überwiesen."

„Lager-Bedürfnisse (Holz, Stroh) werden von den Bezirks-Obrigkeiten gefordert. Zeigen sich diese in der Gewährung saumselig, so sind die Bedürfnisse da zu nehmen, wo sie sich finden."

Für den Uebergang der Schlesischen Armee über den Rhein traf Ribbentrop, auf Befehl Blücher's, folgende Anordnungen, die aus Wiesbaden unter dem 30. Dezember den Verpflegungs-Beamten mitgetheilt wurden.

„Damit wir beim Uebergang über den Rhein die größte Ordnung und Disziplin behaupten können, soll Nachstehendes von den betreffenden Verpflegungs-Beamten befolgt werden:

1. Die Truppen nehmen womöglich einen Bestand von allen Lebensmitteln auf 10 Tage von dem diesseitigen Rheinufer mit, und die Ober-Kriegs-Kommissaire des Korps beziehen diese aus ihren Verpflegungsbezirken. Sie sorgen dafür, daß für jedes Pferd zwei Tage Hartfutter mitgenommen wird.

2. Die Verpflegung der diesseits des Rheins stehenden Truppen, die Sorge für die Füllung der Magazine und alle Korrespondenzen mit den fremden Behörden übernimmt vom 3. künftigen Monats an der Regierungs-

rath Noelbechen in Frankfurt, und durch diesen werden auch alle Nachschübe angeordnet.

3. Auf dem jenseitigen Rheinufer werden die Truppen da, wo sie stehen, verpflegt, bis die Magazin-Anlage bewirkt und von mir überhaupt eine allgemeine Ausschreibung regulirt ist. Der mitgenommene Verpflegungsvorrath wird dabei aushelfen, falls die Truppen so zu stehen kommen, daß sie in den Kantonnirungen ihre volle Verpflegung nicht finden.

4. Der Regierungsrath N. sorgt dafür, daß in Caub, Thal Ehrenbreitstein und in Mannheim Magazine angelegt werden, jedes derselben zu $^2/_3$ der monatlichen Ausschreibung.

5. Er sorgt dafür, daß Reserve-Magazine in Siegen, Friedberg und Frankfurt auf eine gleiche Art und in gleicher Stärke angefüllt werden.

6. Aus diesen Magazinen läßt der p. N. in die Magazine sub 4 nachschieben, und den Verpflegungsbedarf für die diesseits stehenden Truppen bewirken.

7. Wenn die Ober-Kriegs-Kommissarien, welche jenseits stehen, mit ihrer Verpflegung in Verlegenheit kommen, so haben sie das Recht, auf die ihnen am nächsten und bequemsten Magazine diesseits des Rheins zurückzugreifen und deshalb unmittelbare Verfügungen an die Magazine zu erlassen. Sie müssen aber dem Regierungsrath N. davon Nachricht geben, damit dieser den Ersatz der genommenen Vorräthe sogleich verfügt. Ohne Noth muß aber auf diese Magazine nicht rekurrirt werden.

8. Auf dem jenseitigen Rheinufer fordern die Ober-Kriegs-Kommissarien das Bedürfniß möglichst von den Bezirks-Obrigkeiten, und diese sind für die richtigste und schnellste Einlieferung verantwortlich. Sind die Bezirks-Obrigkeiten entflohen, so weisen sie das Bedürfniß auf die Gemeinden an.

9. Die Mundportionen sollen, so viel möglich, von den Quartierständen gegeben werden, und nur da, wo diese solche nicht zu gewähren vermögen, weisen die Ober-Kriegs-Kommissarien die nächsten Umgebungen zur Konkurrenz an.

10. Mit dem Regierungsrath N. unterhalten die Ober-Kriegs-Kommissarien eine ununterbrochene Kommunikation.

11. Der Regierungsrath N. wird die Magazine durch Beamte der Länder verwalten lassen, worin die Truppen stehen. Nur in Frankfurt sollen Kommissariats-Beamte dazu gegeben werden.

12. Die Ober-Kriegs-Kommissarien sorgen dafür, daß auch auf dem jenseitigen Rheinufer in derselben Art quittirt werde, wie dieses auf dem diesseitigen Rheinufer vorgeschrieben ist.

13. Sobald wir auf dem jenseitigen Rheinufer Terrain gewonnen

haben, werde ich die Punkte zu den neuen Magazin=Anlagen bestimmen und die Verpflegungs=Rationen für die Korps festsetzen.

14. Bis dahin sucht sich jeder der Ober=Kriegs=Kommissarien so gut als möglich, aber mit der größten Ordnung und Schonung der Bewohner zu helfen.

15. Requisitionen anderer Art werden ein für allemal untersagt. Der kommandirende General en chef hat mir aufs Neue zur Pflicht gemacht, diese selbst einzulegen. Ich werde daher auch gleich beim Uebergange die Bedürfnisse der Bekleidung, die besonders den russischen Korps sehr fehlen, ausschreiben.

16. Nur solche Gegenstände, ohne welche der Marsch aufgehalten wird, können von den Ober=Kriegs=Kommissarien der Korps requirirt werden, und in solchen Fällen müssen sie die schriftlichen Ordres ihrer kommandirenden Generale beifügen. Für jede überflüssige Requisition, auch in solchen Fällen, sind die Ober=Kriegs=Kommissarien verantwortlich. In die Landes=Obrigkeiten darf keiner der Ober=Kriegs=Kommissarien eingreifen; auch untersage ich ihnen hiermit, und Kraft eines mir von dem kommandirenden General zugekommenen Befehls, die Wegnahme der Kassen. Werden öffentliche Kassen an einigen Orten vorgefunden, so haben die Ober=Kriegs=Kommissarien mir davon Anzeige zu machen, damit ich die Einziehung der Bestände veranlasse.

17. Von allen meinen Untergebenen erwarte ich übrigens ein zuvorkommendes, freundliches und gefälliges Betragen gegen die Bewohner des jenseitigen Rheinufers. Derjenige, welcher dieses nicht beobachtet, ist von dem ihm vorgesetzten Ober=Kriegs=Kommissair sofort vom Dienst zu suspendiren und zu mir ins Hauptquartier zu schicken.

18. Diese Disposition soll nicht nur den Ober=Kriegs=Kommissarien, sondern auch allen Beamten der Verpflegung, der Lazarethe, der Trains 2c. bekannt gemacht werden, und zwar in dem Augenblick, wo die ersten Truppen über den Rhein setzen."

Diese Verfügung wurde bis in den Februar 1814 hinein in allen Punkten mit dem besten Erfolge ausgeführt. Truppen und Einwohner des Landes fanden ihren entsprechenden Vortheil dabei. Was für Ursachen dann nicht nur störend, sondern feindselig dazwischentraten, wird die Darstellung des Feldzuges von 1814 ergeben.

Inhalts-Verzeichniß des zweiten Theils.

Fortsetzung des zweiten Abschnitts.
Reyher in den Feldzügen von 1813, 1814 und 1815.

	Seite
Das Treffen bei Wartenburg	5
Verfolgung des Feindes	11
Die Schlesische Armee bleibt an der Mulde stehen	17
Die Schlesische Armee verläßt die Mulde und passirt die Saale	30
Die Schlesische Armee greift die französische Armee im Norden der Stadt Leipzig an. Schlacht bei Möckern am 16. Oktober 1813	66
Ueberficht über die Ereignisse bei der Hauptarmee am 16. Oktober. Schlacht bei Wachau	75
Schlacht bei Leipzig, den 18. Oktober	79
Die Schlesische Armee verfolgt den Feind bis an den Rhein. Entstehung des Operationsplans für den Feldzug von 1814. — Verpflegungs-Grundsätze	84

Verlag von **Dietrich Reimer** in Berlin,
Anhaltische Strasse Nr. 12.

Manöverblätter
der Umgegend von Berlin
für tactische Arbeiten.
Maassstab 1 : 10,000.
Sect. I. **Wilmersdorf.** Preis 12½ Sgr.
Sect. II. **Reinickendorf.** Preis 15 Sgr.

Topographische Karte der Umgegend von Berlin.
Maassstab 1 : 66,666. Schwarz in Umschlag Preis 7½ Sgr., colorirt 12½ Sgr.

In der Kunsthandlung von **Eduard Quaas** in Berlin, Stechbahn 4, wird von heute ab für die Herren Militairs zum Preise von 1 Thlr. 20 Sgr. abgetreten:
König Wilhelm I., Sieger bei Königgrätz. Photographie nach dem Original-Gemälde des Professor Steffeck.

Ebendaselbst ist erschienen:
König Wilhelm I. auf dem Schlachtfelde von Königgrätz, von Professor Otto Heyden. Große Ausgabe 3 Thlr., kleinere Ausgabe 2 Thlr.

☛ **Sehr wichtig für junge Militairs, welche sich zum Portépée-Fähnrichs- 2c. Examen vorbereiten.** ☚

In J. A. **Wohlgemuth's** Verlagsbuchhandlung (Max Herbig) in Berlin ist erschienen:

Kurzer Abriß der Weltgeschichte,
nach den zum Portépée-Fähnrichs-Examen gemachten Erfahrungen bearbeitet
von Dr. O. **Neumann.**
I. Abth.: Geschichte des Alterthums und des Mittelalters.
II. = Geschichte der neueren und neuesten Zeit.
Zweite vermehrte und verbesserte Auflage. Preis 1 Thlr. 25 Sgr.

Bei **Fr. Wilh. Grunow** in Leipzig erschien soeben und ist in allen Buchhandlungen verräthig:

Amerikanische Kriegsbilder.
Aufzeichnungen aus den Jahren 1861—1865
von
Otto Heusinger,
Lieutenant im Herzogl. Braunschw. Infanterie-Regiment Nr. 92.
gr. 8. broch. Preis 1⅓ Thlr.
Dieses nach eigener Anschauung ausgearbeitete Werk hat für Militairs hohes Interesse.

Verlag von F. A. Brockhaus in Leipzig.

Soeben erschien:

Das Leben des Generals von Scharnhorst.

Nach größtentheils bisher unbenutzten Quellen
dargestellt von
Georg Heinrich Klippel.
Zweiter Theil.
Drittes und viertes Buch. 1793 bis 1801.
8. Geh. 2 Thlr.
(Der erste Theil, mit dem Bildnisse Scharnhorst's, kostet 1½ Thlr.)

Fr. Aug. Eupel's Verlag (C. Volhoevener) in **Gotha.**

Dr. Friedr. Aug. Günther:

Die Krankheiten des Pferdes,

und ihre homöopathische Heilung.
(Des „Homöopathischen Thierarztes" erster Theil.)
13. Auflage. 1867. Preis 1 Thlr.

Die großartigen Erfolge der F. A. Günther'schen Werke erstrecken sich weit über die Grenzen Deutschlands hinaus. Denn neben den fortwährend erneuerten Auflagen der deutschen Original-Ausgabe, von welcher bis jetzt mehr als 100,000 Bände abgesetzt wurden, coursiren zahlreiche Uebersetzungen in nicht weniger als acht fremde Sprachen, die für die außerordentliche Beliebtheit und praktische Anwendbarkeit der F. A. Günther'schen Darstellungsweise ein untrügliches Zeugniß geben.

Von Sr. Majestät dem Könige von Preußen ist dem Verfasser (beim Erscheinen der 11ten Auflage des obigen Bandes) durch die Verleihung der großen goldenen Medaille die Allerhöchste Anerkennung zu Theil geworden.

Im Verlage der G. Basse'schen Buchhandlung in Quedlinburg ist folgende Schrift erschienen:

Theilnahme des 4. Magdeburgischen

Infanterie-Regiments Nr. 67

an dem Feldzuge gegen Oesterreich im Jahre 1866.
Bearbeitet von
H. Liebeneiner,
Major, aggregirt dem 4. Magdeburg. Infant.-Regiment Nr. 67.
Preis 15 Sgr.

Ein trefflicher Beitrag zur Specialgeschichte des Feldzuges von 1866; denn dieses Regiment war bei Königgrätz in einem fortwährenden Kampfe gegen einen überlegenen Feind verwickelt und drang, unter dem Commandeur der 7. Division, dem General v. Fransecky, über Brünn bis Presburg vor, als gerade der Friedensschluß dem Kriege ein Ende machte. Die Darstellung ist lebendig, warm und klar.

Vorräthig in Mittler's Sortimentsbuchhandlung (A. Bath) in Berlin, Schloßfreiheit Nr. 7.

In **Theodor Fischer's** Verlagsbuchhandlung in **Cassel** ist erschienen:
Fossile Flora
der
Steinkohlen-Formation Westphalens,
einschliesslich Piesberg bei Osnabrück.
Von
von Roehl.
192 Seiten in Median 4. Mit 32 Tafeln Abbildungen. Preis 40½ Thlr.

Druck von E. S. Mittler u. Sohn, Wilhelmstraße 122.